高橋 洋一
Yoichi Takahashi

ド文系ではわからない
日本復活へのシナリオ

はしがき

経団連が、大学に対して、文系と理系にそれぞれ教育内容の見直しを提言すると報じられた。文系学生にも最低限の数学を教えるべきだとしている。

筆者は大学数学科卒業なので、数学のかなりの基礎分野を本格的に学んだ。おかげで、物理学、統計学、経済学など数学で記述される学問を勉強するには大いに役立った。

数学は記述言語のひとつであり、数理的かつ厳密な記述には欠くことのできないものである。

あるテレビ番組で、筆者が数式でいろいろな現象を書けるという企画があり、それが面白いといわれたが、筆者としてはどうして数式なしでわかるのかが不思議で仕方ない。

たとえば、財政破綻するかどうかという問題だ。ある人は財政破綻すると言い、ある人は財政破綻しないと言う。筆者から見れば、どっちもどっちだ。財政破綻は確率現象なので、何年以内に何パーセントの確率で破綻すると言わないと意味がない。日本の財政破綻確率は五年以内で一%にも達しない。

また、集団的自衛権は、過去の戦争データから言えば戦争になる確率を四割程度減少させられる。しかし、反対者は感情的に戦争に巻き込まれるとしかいわない。彼らは、集団的自衛権により戦争を仕掛けられる確率が減少することを考えないので、合理的とはいえない。原発が危ないという議論も似たようなところだ。おそらく議論する人の数学的素養が欠けているから、合理的な議論ができないのだろう。客観的かつ数量的な議論ができないと、主観的な意見の言い合いで、極論になりがちだ。

経団連は、各種のビジネスにおいてビッグデータの扱いなどで数値処理の必要性を感じたから、数学教育を必要と考えたのだろう。それはいいことだ。経営者自らが学ぶと、社員は学ぶようになるはずだが、今の経営者はどうなのか。

大学でも、文系科目の先生には文系教員、数学的素養のない人が多い。学生に要求するよりも、文系教員に数学を学ばせるほうが先決であろう。そうなれば、大学入試で数学を必須とするのも難しくない。

今の経営者や大学文系教員に数学を勉強しろ、隗より始めよと言ったら、どうなるか。数学能力ははっきり言って個人差が大きい。なので、もし数学の勉強を全員に課した場合、今の社会的に高い立場の人の中には面子を失う人も出てくるだろうから、必ず反対が出てくるだろう。識者の中にも数学がからっきし駄目という人もいるので、どんな反論が出てくるのか楽しみでもある。昔は、日本人の最低限の素養として「読み、書き、ソロバン」と言った。現在ではどうかというと、筆者は「英語(外国語)、会計、数学」と言っている。本書は、そうしたツールによってロジカルにいろいろな問題を解き明かしている。読者がいろいろな思考法のひとつとして楽しんでいただけたら、望外の喜びである。

はしがき 004

第一章

論理的思考と数学的アプローチの重要性

◆論理的思考と数学的アプローチが理解への第一歩

私は各メディアで「経済学者」と紹介されることが多いが、じつはそのように自称したことはない。経済学部は卒業したが、そもそも私の持っている博士号は「政策研究」であって経済学ではない。

では私の肩書きは何かといえば、数量分析家、またはデータ解析家ということになる。数量分析において経済は割と簡単に説明できる分野であるため必然的に経済ネタを語ることが多くなり、それで経済学者と見られるのだろうが、しかし経済だけを専門に語るつもりはない。

実際にもさまざまな分野に関してコメントを求められる機会は多いのだが、そのときに私の予測がかなりの確率で当たるために「高橋さんは特別な情報を持っているんでしょう」などと言われることがある。

だが私は首相や官房長官から何も聞いていないどころか聞こうとすら思わない。もちろん省庁からネタをもらったこともない。

なぜならば私は数量分析家だ。論理的に判断するための材料、それも誰にでも入手可能な資料――ネットで見られる省庁の発表したデータなどがあればそれだけで十分なのである。

ある特定の人しか知らない情報などは必要としないから、誰かにわざわざ電話をかけることもない。

このように分析について数学的アプローチをしている点で多少は一般の人たちとやり方が異なるかもしれない。しかし物事の枠組みや組織を素直に見て、その中から論理的に判断できることだけを言葉にすることぐらいは誰にでもできることではなかろうか。マスコミが取り上げるような目先の事象にとらわれることなく、物事の本質的な構造に目を向けて論理的に考えていけば特別な情報など必要ない。

ところが学者の中にも与えられた情報にばかり頼ろうとする輩がいる。いわゆる経済学者が財務省を批判できないのは、その財務省からレクチャーを受けてしまうからだ。ネタを提供されれば当然、追及の矛先が鈍くなるし、そこから発せられる情報に引っ張られてしまいまともな判断ができなくなる。

こう考えてみると学者やジャーナリストよりもむしろ市井の人々のほうが利害関係がないだけに物事をフェアに判断できるのではないかとすら思う。だからこそ、そうした判断の材料となる誰もが入手可能なネット上の一次資料や海外情報をきちんと捉えることが大切になってくる。

テレビに出演した際に共演者の話を聞いていると「この人、アタマの中がグチャグチャじゃないか」と思うことがある。

本番中にそれを指摘するわけにもいかないので黙ってはいるのだが、本質をとらえず、時系列もバラバラで、勝手な好みだけを話す人というのはテレビの解説者の中にも少なからず存在する。

たとえば原子力発電所のコストの話をするにしても、いつからいつまでの話なのかという点を抜きにしては語れない。たとえば五年くらいの短いスパンで考えれば現在稼働可能なものを動かしてそこから収益を得ることも考えられようが、長期となると廃炉のコストなどからとても採算に合わないということになる。私などはそのように「いつまではこうで、その先はこうだ」と説明する。ところが一年後と五〇年後を一緒にして「原発はけしからん」などと持論を展開しておしまいというコメンテーターは少なくない。

自分にはとてもそんな思考法はできない。その意味で「すごいな」と思ったりもする。

そういう個人的な思いから発する価値判断などじつはどうでもいいことで、そんな調子で物事を考えていては、たまたまうまくハマって正解を導き出すことがあったとしてもまったく意味はない。

物事を論理的に考えるためには「場合分け」が必要である。場合分けとは数学では頻繁に出てくる言葉で理数系の人には今さらであろうが、文系の人のために一応説明しておく。考える対象の問題を書き表したり計算したりする際に、式や計算法を条件ごとに問題を変えなければならないケースがあり、そのときに一つひとつを実際に計算したりできるよう条件ごとに問題を細分化していくことを「場合分け」という。

これと同じように世の物事を考えるときも、対象となる仕組みや相関関係、因果関係など独立した座標軸を何本も立て、それらを検討したものを総合した上で、ロジカルな思考を組み立ていく必要がある。

だがこうした思考法を意識してこなかった人にはなかなか難しい作業なのかもしれない。過不足のない場合分けができず、せっかく分けてもその要素が重複していたりする。

タイムスパンのあいまいな人も多い。今現在の話なのか一〇年先の話なのか、そういうことすら整理せずに考えていたりする。一年後か一〇年後かあるいは一〇〇年後か、その条件によって答えはまったく違ってくるのにである。

私は数学科出身だからそうした論理的思考法に慣れている部分もあるのだが、しかし問題に対して過不足なく場合分けすることと時系列を意識することぐらいは、数学を持ち出さずともできることである。要はそうしたことを意識しながら考える訓練をするかどうかだ。

問題をアタマの中で整理できず現象面だけに気を取られると得てして物事が複雑に見えてしまう。それで収拾がつかなくなって結局、自分勝手な好みで語ってしまったりもする。しかしきちんと場合分けをして時系列にも気を配ることができれば、世の事象の多くがじつにシンプルであることに気付くだろう。

私はそうやって物事を論理的に考えて、そこから導き出された答えをそのまま言葉にしているだけで、イデオロギーなどという面倒なものとは一切無縁でいるのだが、ある特定の人からすると「右」に見えるらしい。

しかし右も左も、そんなものは好みの問題でしかない。価値判断は十人十色。それでこそ自由主義というものであり、他人の好みの話にあれこれ口を出すのは無粋であり、のみならず有害である。

右だの左だの保守だのリベラルだの、私はそういった思想信条を物事の判断基準とすることはないし、自分自身のこともそんなふうに見たことはない。

ただし「ヘタレ左翼はバカだな」と思うことはよくある。では右がバカでないのかといえばそんなことはなく、右も左もバカばかりと思ってはいるのだが、しかし右の人たちのほうが自称リベラルの左寄りの人のように知識人面をしない分だけ、話をしても気分を害されないことが多いのは確かだ。

どういうわけか「左」の人たちは妙に教条的で、訳の分からない与太話をさも知識人ぶってしゃべるから始末に負えない。「単なるおまえの価値観だろう」ということを平気で他人に押し付けてくる無神経さはどうにかならないものだろうか。

マスコミは私のことを〝親安倍派〟とレッテル貼りしてその立場からのコメントを求めてきたりもするのだが、そんな思想信条にまつわる話をする気などまったくない。論理的に考えた結果として出てきた答えを話すだけである。

あまりにもニュートラルなコメントのためお気に召さないということなのか、それでボツにされることもあるのだが知ったことではない。

そんな私が「右」に見えるということは、「左」の人たちがよほど普段から論理的でない考え方をしているということなのかと思ったりもする。

◆会計学を知れば世界の見方が変わる

自分が勤めている会社の財務書類を見て、そこに書かれた内容を理解できるという人はどのくらいいるだろうか。

数字の一つひとつを隅々まで把握できないとしても、際立った数字から会社の実態を「なんとなく」ではなく「的確に」つかめると自信を持って言える人はおそらくほとんどいないのではないか。

経済学者や経済専門の記者ですら、その発言や執筆した記事を見てみると「全然分かっていないんだな」と感じさせられることは多い。

だいたいにして日本の大学の法学部や経済学部では本格的に会計を教えることがない。商学部でわずかに教えているぐらいで、それだから日本人の多くが一般教養として最低限の会計の知識を身につけていない。

会計というと会計士や税理士などの専門職、あるいは商業高校で簿記から学んだ事務職の人を思い浮かべる人は多いだろう。「一種の特殊技能だから自分の仕事に会計の知識は必要ない」と思っている人は多そうだ。

だが会計の知識はそういうものではない。細かい簿記の知識はともかく、世界標準で見れば会計の原理原則は「知っていて当たり前の常識」である。

端的に言うと会計とはお金の出入りや財産を記録するためのものである。機能としては単にそれだけのことだが、その記録から読み取れる情報は大きい。

私はつねづねから「会計学を知っていると世の中の見え方が変わる」と言っている。

会計学は〝お金の流れ〟を誰が見ても分かる形で表すための学問であり、私たちが生きている資本主義社会ではそのお金の流れに人や企業の在り方が表れていることが多い。よってそこから人や企業の本当の顔、もっと言うなら〝お金と権力の関係〟が垣間見えたりもする。会計を知らない人とは違った、しかもはるかに高いレベルの考察をすることもできるようになる。

こうした理由から私はことあるごとに「誰もが会計学の基礎知識ぐらいは身につけておくべき」と言ってきて、それは「社会人に必須のリテラシー」とも思っているのだが、なぜか日本では見過ごされている。

会計の知識をもって財務書類を眺めてみれば本当のお金の流れが分かる。そしてお金の流れからは権力関係なども見えてくる。そうして「お金の本当のところ」が読み取れると世の中の見え方も変わってくる。今よりも賢く的確に世の中を捉えられるようになる。

会計の原理原則は非常にシンプルである。ただし「学」というからにはこの分野に特有の言語があり、それを理解しなくては会計の世界、すなわちお金の流れについて書かれていることが分からない。

とはいえ仕事に直接関係のない人が簿記の細かな内容から勉強を始めるのでは覚えることが多すぎて効率が悪い。そこで最低限知っておくべきなのが、財務書類に必ずついてくる『貸借対照表（バランスシート＝ＢＳ）』と『損益計算書（プロフィット・アンド・ロス・ステイトメント＝ＰＬ）』という二種類の表である。

ＢＳとＰＬの役割と見方が分かれば、完全に財務書類を読みこなすには経験と慣れが必要だが、それでもおおよその内容が見えてくる。

ＢＳとは決算時にその企業が「どのくらいの債務を負っていて」（負債）、「どのくらいの資本を持っており」「これらのお金でどんな資産を手に入れ」（資産）、「差し引きでどのくらいの資産があるか」（純資産）をまとめたもの。

複式簿記といって、左右に分けられた表の右側に「お金の出どころ」、左側に「そのお金が形を変えたもの」が記されている。

具体的には右に借金や自己資本、事業による利益など、左には業務用に仕入れた材料や設備投資、預金や有価証券が入る。

つまり右側の「どこからお金を調達したか」を見て、左側の「どんな資産に変わったか」を見れば、その会社のおおよそのところが分かるわけである。

このところよくニュースなどで企業の〝内部留保〟というワードが出てくる。これは「企業が溜め込んでいるお金」のように言われることが多く、悪いイメージを持つ人も多いだろう。「内部留保を切り崩して従業員の賃金を上げろ」などと言うコメンテーターも見かける。

しかし会計において内部留保という言葉はない。

では何をもって内部留保とするのかといえば、これは多くの場合、ＢＳ右側の〝純資産〟に含まれる〝利益剰余金〟を指している。

右側ということは「資産を得るためのお金の出どころ」のひとつであり、利益剰余金は経年的に積み上がって左側の現預金やその他、土地であったり有価証券などの資産に替わっていく。つまり「事業で得た利益」は「資産に変わるお金」であって、単なる溜め込んでいるお金とは言えないのだ。

内部留保という言葉を使うとあたかも「金庫に置いてあるだけの現金」のように感じるかもしれないが、企業が稼いだお金をただ金庫にとってあることなどはまずあり得ない。そこからは株主への配当も出さなければならないし、次なる成長のために新たな資産を入手する必要もあるのだ。

そうして見ると、「内部留保を切り崩せ」という言説のおかしさが分かるだろう。

〝不良債権〟という言葉も会計書類には出てこない。

じつは経済の専門家でも「不良債権は不良債権でしょう」などとしか言えない人は少なくない。不良債権と聞いても「何となくよからぬもの」といったイメージを抱いているだけの人は多いだろう。

しかしこれもBSを使えば明確に定義できる。

債券とは資産のことだからBSの左側に記入される。一〇〇〇万円で株を購入すれば一〇〇〇万円と記入することになる。これは「帳簿価格」だ。

しかしこれが七〇〇万円に値下がりするとその七〇〇万円が実質価格となり、帳簿上の一〇〇〇万円の株が三〇〇万円の損を含んだ「不良」の資産ということになる。これが不良債権だ。

持ち続ければまた株価は上がるかもしれないが、七〇〇万円で売れば三〇〇万円の損が確定する。売っていない段階でも帳簿価格の一〇〇〇万円と実質価格の七〇〇万円の差は損になり得るので、その差額が「不良債権額」と呼ばれることが多い。

では「A社の不良債権は一〇〇〇万円」と報じられたときに、これは損を含んだ債券を一〇〇〇万円分抱えているということなのか、それとも不良債権額が一〇〇〇万円なのかというと、そこのところがあいまいな報道がじつに多いのだ。

実態を正確に捉えるためには「不良債権になっている債権総額がいくらで、そのうちの損失予想額（不良債権額）がいくら」というところを見なければならない。

この後に詳述するが、「日本が借金まみれ」というよくある報道も、実際にバランスシートに記してみれば、右側の債務の部分だけを取り上げていて左側の資産を見ておらず、いたずらに危機感をあおっている報道がいかに多いかが分かる。

続いてPL（損益計算書）であるが、これは一年間（もしくは四半期）にその企業が「どのくらいの収益を得て」「どのくらいのお金を必要経費に使い」「結果どれだけの利益が出たか」をまとめたものである。

商売をしている以上はまず売上があり、その一方では仕入れ代金や水道光熱費、従業員の給与などの費用として消えていくお金もある。

こうしたお金の出入りの結果として、どれだけの利益が出たかを明確にするためにまとめるのがPLというわけだ。

また有価証券報告書（財務局長と証券取引所への提出が義務付けられている上場企業の開示書類）においては、事業ごとの収益と利益も明記した〝セグメント情報〟もPLについてくる。これらを見ればより企業の〝本当の顔〟が浮かび上がってくる。

費目が細かく分かれているため一見するととっつきにくいかもしれないが、そこはあまり気にする必要はない。一年間でどれだけの収益があり、そこからどれだけの費用が差し引かれ、その結果どれだけの利益が上がったのかを示すのがPLだという把握でいいだろう。

BSは決算時という特定の時点における会社の状態を表すもの＝ストック。

PLは決算時までの一定期間のお金の流れを表したもの＝フロー。

そのように考えればより分かりやすいのではないか。

会計的に考えれば政府と経営者はまったく同じと言っていい。経営者が企業を運営するのと同様に政府は国を運営するのだから、企業と同様に政府にも当然ＢＳとＰＬがある。政府の財務書類は財務省のサイトでオープンになっている。

ＢＳの資産の中で大きいのは有価証券。そして政府が出資している民間企業はすなわち官僚の天下り先と考えられ、その明細をみればどんな企業が天下り先になっているのかも分かる。

また資産には貸付金も多い。国債＝国の借金によって得た資金を特殊法人に貸し付けておいて、そこを天下り先としているわけだ。

こうした〝又貸し〟は民間企業でも普通に行われていることで、小さな会社ではなかなかお金を借りられないからまずは親会社が借りて子会社に貸し付けるのだ。

そして政府には民間企業にはない収入源がある。全国民から徴収できる税金で、これが政府の収入にあたる。

ＰＬに目を転じると、企業であれば「一年間の収益」から「一年間の費用」を差し引いた「当期純利益」が「利益剰余金」としてＢＳに記されるが、政府の場合はそれがない。税金も配当も利息もすべて使ってしまうからであり、さらにこれらの収入だけでは足りない分を国債発行でまかなっている。

政府の場合、企業のPLに相当するのは予算書であるが、これは一般会計で一〇〇〇ページ。特別会計で二〇〇〇ページにもなり、現職の官僚ですら読み切れない分量だ。

よく「日本の政府は借金がたくさんあってけしからん」などと言われるが、しかし会計で見るとそれが大きな間違いであることが分かる。

BS上で右側のお金は左側へと流れて変化している。この原理原則は企業でも政府でも同じことだ。つまり国債発行による政府の負債は多くの場合左側の〝資産〟に変わっている。

税金ではまかないきれない支出を補うためにインフラ整備や建設に充てる建設国債と、その他の用途をまかなう特例国債があって、一般的に赤字国債と呼ばれるものは特例国債のほうである。

国債にはもうひとつ〝財投債〟と呼ばれるものがあるが、これはBS上では資産に変わる公債で、収益を生むための借金である。

「借金はダメ」といってこれら国債を一切発行しないとなると、政府の収入は税金だけになり、足りない部分は増税で補うしかなくなる。民間企業ならば借金をする前に事業で利益を出すとか出資金を集めるといった〝お金の出どころ〟があるわけだが、政府にはそのどちらもないからだ。

しかしやたらと増税するわけにもいかず、そうすると国債という借金はあって当然のものだし、なくては国が成り立たないものだと理解できるだろう。ある程度の将来投資のためには適切な借金が必要なのだ。

ではどのくらいの借金が適切かといえば、それはBSで判断することになる。

『平成二八年度　国の財務諸表』で公表されているBS＝連結貸借対照表（二〇一八年三月二九日発表）の右側、負債の部分見ると「公債」が八二四兆六三五九億九一〇〇万円。これに政府短期証券の八四兆六六〇五億二七〇〇万円と独立行政法人等債券五〇兆三五五億八〇〇万円、借入金三五兆五七四七億四〇〇〇万円を加えると、確かに巷間言われる「国債残高一〇〇〇兆円」に相当する。

しかし繰り返しになるがBSの右側だけを見てはいけない。

BSの左側を見ると資産合計は九八六兆三四一四億六八〇〇万円となっている。

前期以外も合わせた負債の合計は一四六九兆七一三三億九一〇〇万円でその差額はマイナス

四八三兆三七一九億二三〇〇万円となる。

では、このマイナス額をどう見るか。政府のBSとしては将来の投資を考えれば負債がちょっと多いぐらいが健全ではあるのだが、一般の感覚からすると途方もない額に感じるであろう。

だが政府の話としてみれば問題ないレベルと言っていいし、これは日本政府単独のBSなのである。ここに日本銀行のBSを連結させるとこのマイナスはほとんどなくなってしまうのだ。政府にとっての日本銀行は民間企業でいうところの子会社のようなものだから、これを連結させてもなんら問題はない。

こう考えてみると財務省が借金一〇〇〇兆円と言い「だから消費増税が必要」と国民に迫るのは前提が間違っている暴力的な脅しでしかないことが分かるはずだ。

◆年金は破綻しない

年金問題について理解していないのになぜか「年金をもらえないのではないか」「年金制度は破綻するのではないか」などと思い込んでいる人が多い。

これは年金への不安をあおるメディアや政治家が多いからだろう。つねに「危ない危ない」と連呼されれば心配になるのも無理はない。国会審議においても野党はすぐに「年金カット法案」などとレッテル貼りをして猛反対し、メディアも盛んに「年金が危ない」と騒ぎ立てる。

では本当に年金は危ないのか。

先に答えを言えば「きちんと制度運用していれば大丈夫」ということになる。もちろん滅茶苦茶な制度改悪や経済政策運営をすれば話は変わってくるが、現状の制度をきちんと運用すれば「破綻だ」などと大げさに悲観する必要はない。

にもかかわらず、なぜ日本では「年金が危ない」という議論ばかりが聞かれるのか。

それは「年金が危ない」ということが広まると「得になる」人がいるからに他ならない。

財務省は消費増税を目指す中で、これを実現するためには社会保障への不安が高まっているほうが都合がいい。

また厚労省にとって、年金は大きな利権や天下り先の源泉になっている。もし「安心である」ということが必要以上に広まればその〝うまみ〟を削られかねない。

金融機関にしても年金が危ないという認識が世の中で通用しているほうが仕事がしやすくな

る。「公的年金が危ない」と多くの人が思ってくれれば投資や年金保険などのさまざまな商品が売りやすくなる。となると金融機関系のエコノミストたちもまた、その利害から完全に自由になることは難しい。

新聞や雑誌、ウェブなどのメディアにおいて、年金など暮らしのお金に直結するテーマに関してはファイナンシャル・プランナーが執筆することも多いが、彼らも「年金は危ない」と思ってもらうほうが好都合だ。何らかの不安があったほうが暮らしの資金設計を生業とする彼らへの相談者は増えるからである。

政治家たちからすれば、年金は「不安をあおり立てて票を稼げる」もってこいの材料になる。国政選挙のときなどに有権者からアンケートを取ると、その時に大きな話題になっている安全保障にまつわる事件や政治改革の問題があったとしてもやはり一番の関心事は年金だったりする。特に野党にとっては年金不安が叫ばれていれば、それが政府与党を攻撃するためのもっとも使いやすく効果的なカードになる。

もちろんメディアにとっても年金は〝おいしい話題〟だ。多くの人々が、自分の老後の生活に直接大きく関わることとして関心を持っている。しかも日本の少子高齢化はすでに常識になっているから少し不安をあおれば読者や視聴者はビンビン反応してくれる。メディアにとっては、先に記した財務省や厚労省、金融機関、ファイナンシャル・プランナーに野党政治家らの「年金が危ない」という主張はまさに〝打ち出の小槌〟なのである。

こうしてみると、情報を発信する側の多くが「年金危機をあおるほうが得」という構図にあることがわかる。

むろんそれぞれが悪意に基づいてこれをやっているというわけではなかろう。しかしそうした背景があれば、必要以上に「危ない」「破綻」などという解釈や表現が多くなることは十分に考えられる。

その結果、年金問題にまつわる言説の多くが「嘘ばかり」という状況に陥ってしまう。

そうした状況だからこそきちんとした知識を持っていないと、各方面からのバイアスのかかった情報に惑わされ、不安ばかりが大きくなってしまう。正しい知識を身につけなければ結果として大きな損害を負うことにもなりかねない。必要以上の不安に苛まれながら日常生活を送るなどはじつにバカげている。

そうは言っても「年金の仕組みは難しい」と思って知識を持つことをあきらめてしまう人も

いるだろう。しかし知ってしまえば年金の仕組みはさほど難しいものではない。制度が入り組んで複雑化していることは事実だが、本来は極めてシンプルな仕組みでありポイントさえ押さえておけば誰にでも理解できる。

年金の根幹部分として知っておくべきことは三つに絞られる。

まずひとつめは、年金は〝保険〟であるということ。

年金のことを〝福祉〟と思っている人がたくさんいるのだが、その本質は『年金保険』という保険なのである。

健康保険ならば毎月保険料を納めて、病気にかかって医者に行けば本人負担分を除いた治療代の多くの部分を健康保険で支払ってもらえる。では、もし病気にかからなかったらどうなるのかというと、個人で支払ったり会社で天引きされた分の保険料は丸々の損失となる。

つまり健康保険は完全な〝掛け捨て〟保険であり、発想としては「病気にならなかった人のお金で病気になった人を保障する」というのが健康保険の仕組みなのだ。よって比較的病気になりにくい若い人にとっては損が大きいように感じてしまう。

掛け捨てという性質からすると「絶対に病気にならない」というのであれば健康保険には入

らないほうが得であることに違いはない。だが人間は誰しもがいつ病気になるかも分からない。そのときに治療費を払えないとなればまさに悲劇であり、そういうことにならないために健康保険はある。

年金の仕組みもおおよそはこれと同じことである。

ひとことで言えば「公的年金は長く生きた人々を保障する保険」ということであり、どうやって保障するのかといえば、「早く死んでしまった人」の保険料を「長生きした人に渡して保障するということになる。

これに対して死亡保険——生命保険というほうが通りが良いかもしれないが、これは早く死んでしまったときに備える保険である。満期まで生き延びた人が支払った保険料を亡くなった人の遺族に支払うということで、満期の六〇歳前後まで存命する人のほうが圧倒的に多いから支払う保険料に対して万が一の場合にもらえる保障額は大きくなる。ざっくりと言って毎月一万円程度を四〇年ほど——つまり一万円×一二カ月×四〇年＝四八〇万円程度を支払うだけで亡くなったときに数千万円もらえたり終身保障がついたりする。

つまり長生きした場合に備えておくのが『年金保険』。死亡した場合の遺族の生活に備えるのが『死亡保険（生命保険）』ということである。

こうした仕組みをわかっていれば「国が無条件に老後を保障してくれるもの」「年金は福祉である」というイメージが変わってくるだろう。

なおこのときに「掛け捨ての部分」と「保障額」のバランスがどのようになるかを精密に計算しなければとてもではないが保険の仕組みはつくれない。確率・統計の考え方や手法を駆使してこのような計算をしていくのが保険数理の世界である。

その保険数理の細かい計算は脇に置いて、そこから導き出される結論を単純にまとめれば「掛け捨て部分が大きい＝保障額が大きい」「掛け捨て部分が小さい＝保障額が小さい」ということになる。年金も保険であるから、納めた保険料が多い人は将来受け取る保障額が大きくなるし、少ない人は小さくなる。

◆年金は保険である

このように年金が保険であることは間違いないのだが、その認識が広がるとマズいと思っている人たちがいる。たとえば消費税を上げたい財務官僚だ。

「社会保障費が大変だから消費税を上げるしかない」というのが財務官僚の主張だが、年金が保険であることが知れ渡ると「保険なら保険料を上げればいいじゃないか、消費税は関係ないじゃないか」というまっとうな意見が出てきてしまい、消費増税をしにくくなってしまう。

しかし「年金は福祉だ」と誤解させておけば「福祉は税金でやるものだから、そのためには消費税増税もやむを得ない」と思ってもらえて、増税により自分たちのシマを拡大させることができるのだ。

保険であることを知られたくないのは経済界も同じだ。日本の会社員や公務員ら勤労者に対しての年金の保険料は労使折半だからだ。そのため保険料が引き上げられれば会社なり国や自治体の負担が増えることになる。会社の経営者側からすれば負担増を避けるために「保険料を上げるのではなく消費税増税でやってくれ」と思いたくなっても不思議はない。

だが、消費税は税金の中でもあまり所得差に関係なくかかる税金であり、これを年金に充てるということは「所得の低い人から集めた税金を公務員やサラリーマンら安定収入のある人たちの保険料に充てる」ということにもなる。

そんなことが広く知れ渡ったら「消費税ではなく保険料を上げるべきだ」という声がなお一層と強くなりかねない。

だからこそ「年金は保険である」という「常識」が日頃あまり強調されないのだろう。これが意図的かつ計画的なものなのか、あるいは暗黙のうちに何となくそうなっているのかは分からないが、いずれにせよそういうふうになりがちだという側面は否定できない。

そのような情報操作をされないためにも、年金が保険原理で成り立っていることを理解しておくことが大切なのだ。

「公的年金は未納率が四割もあるから危ない、破綻する」などと言われることもよくある。しかし実際にはその四割のうちの大半は制度上の特例として保険金の免除を認められている人であり、それ以外の〝本当の未納者〟は三％ほどに過ぎない（二〇一四年度、年金局事業管理課の調べ）。

これをもって「未納率が高くて大変」と騒ぎ立てるのはおかしな話で、もちろん制度上免除されている分については保険数理の計算にしっかりと組み込まれている。よって、それを除いた未納者が全体で数％ならばそれが大きな影響を与えることはない。

二つ目に重要なポイントは「受け取る年金の額」であるが、これはざっくり言って「四〇年払った保険料と二〇年で受け取る額がほぼ同じ」ということになる。年金受給開始年齢が六〇歳から六五歳に引き上げられて以降も基本的にこの考え方は大きく変わっていない。

まず年金には公的年金と私的年金がある。国が国民皆保険として運営している国民年金と厚生年金が公的年金。その他民間の運営するものが私的年金で、企業年金、確定拠出年金、個人年金などがこれにあたる。

公的年金は継ぎはぎ状態になっていて複雑ではあるが、その根幹は「賦課方式」である。賦課方式とは現役世代から集めた保険料を老齢世代の年金給付に充てる方式のこと。自分が支払ったお金は今の高齢者にあげて、自分が高齢者になったときにはそのときの若い人の保険料から年金をもらうという形であり、日本をはじめとする主要先進諸国の公的年金はだいたいこの方式を採っている。

それに対して民間の私的年金は「積立方式」である。自分の納めた保険料を積み立てておいて、それを株式や債券などで運用して増やし、将来年金として受け取ることになる。

公的年金も私的年金も「集めた保険料」と「給付する年金」が一致するように、年金数理で計算されている。

公的年金の場合は分かりやすく言うと、二〇歳から六〇歳までの四〇年間納めて、六五歳から八五歳くらいまで二〇年間受け取る仕組みだ。厳密には現在価値を計算するなど細かい数字を出さなくてはならないものの細かいところにこだわると全体像がつかめなくなるので、非常にアバウトではあるがまずはこのように考えておけばいい。

ではそれはいったいどのくらいの金額になるのかというのが多くの人の知りたいところだろう。

「四〇年納めた保険の総額」＝「二〇年で受け取る年金の総額」という基本の数式に当てはめれば、一年あたりに受け取る年金額は、一年あたりに納めた保険料の二倍くらいであることが分かる。

もっと分かりやすく言うと、毎月納めている保険料の二倍くらいが将来的に毎月受け取る年金額になるということだ。

では毎月どのくらいの保険料を納めているのか、厚生年金の場合を考えてみよう。厚生年金の保険料率は段階的に上がってきたが、二〇一七年九月以降は標準報酬の一八・三％となっている。おおよそ月給の二割弱だ。なお会社員の場合、保険は労使折半だからこのうち半分を会社（公務員なら政府・自治体）が払ってくれている。

納めている年金が二割弱で年金支給額はその二倍くらいになるから、つまり二割×二＝四割で、つまりだいたい月給の四割くらいが支給されると見ておけばいいだろう。

月給二〇万円の人なら八万円程度、月給三〇万円の人は一二万円程度ということだ。

実際には四〇年間に納めた保険料を平均しなければならないし、厚生年金の場合は給料に連動する報酬比例部分があるので給料額によって納める保険料は変わっていくし、年金支給開始年齢によっても違ってくる。現在価値に直す計算も必要だが、細かい計算は抜きにして「月給の四割ぐらい」と思っておけばいいだろう。

ここで気を付けておきたいのは、年金額を考えるときには「生涯を通じての平均給与額」が基準になるということ。

日本の会社員は年功賃金をもらっていることも多く、その場合、退職間際の給料は生涯を通じた平均よりも高くなっているので、そこを基準に考えてしまうと「年金支給額が思っていたより低い」と感じてしまうだろう。

三つ目のポイントは『ねんきん定期便』だ。

「ねんきん定期便って何だっけ？」とか「送られてきたかもしれないけどよく見ていない」という人もいるだろうが、これは誕生日になると日本年金機構から送られてくるもので、けっこう意味のある書類である。

これまで捨てていたという人は次の誕生日に送られてくるものをきちんと確認してもらいたい。

なぜ大事なのかというと、これが年金に関して国が発行する〝レシート〟だからだ。

会社員の人は厚生年金保険料を天引きされている給与明細を見て「きちんと納めているから大丈夫」と思うかもしれないが、会社が天引きしたからといって国（日本年金機構）に払い込みをしたかどうかはそれだけでは分からない。本当に納付されたかどうかを証明する資料はねんきん定期便だけなのだ。

少々自慢になるが、これを提案したのは私である。二〇〇一年、小泉政権で経済財政政策担当相になった竹中平蔵さんが大蔵省で左遷されて暇にしていた私に声をかけてくれてお手伝いをすることになったときのこと。アメリカで発行されている「社会保障通知」にならって日本でも「どのくらいのお金を納めていて将来いくらのお金がもらえるか」を通知してはどうかと経済財政諮問会議に提案したのだ。

ところが何度提案してもまったく実現しない。四回も五回も提案し、話し合っているのにいっこうに厚労省がやろうとしない。「ひょっとしたら厚労省はデータをきちんと管理していないのではないか」「だからできないのでは?」と疑問を持ち始めたところ、ちょうどその直後に出てきたのが「消えた年金問題」だった。

あのニュースが出たときには「やっぱり」と感じたものの正直なところまさかあれほど酷いとは思っていなかったのだが……。

このとき社会保険庁の記録の不備とともに明らかになったのが、会社が天引きしたお金を社会保険庁に納めていなかったケースであった。消えた年金のうちの七割ぐらいがこれに該当したという。

従業員は給与明細に記されているから「会社が納めている」と思っていても、資金繰りに困った中小企業などでは本来納めなければいけないものを運転資金に流用していたのだ。

じつはアメリカでも過去に同じ問題があり、それで「これだけ納付されました」ということを国が国民に知らせるレシートとして「社会保障通知」の仕組みがつくられたのだった。

そうして日本においても消えた年金問題が発覚した機会に再度提案したところ、「それはいいね。消えた年金問題対策でやってくれ」ということになり「ねんきん定期便」が始まった。

基本的にはレシートだが、「受け取る年金額もお知らせしてはどうか」ということになり、年金の見込み額も記載されるようになった。

これを見れば自分が受け取る年金額の目安となる。

◆国民年金

国民年金についても触れておこう。

全国民が入る国民年金（老齢基礎年金）は「もらえる金額が少ないなどと文句を言われることが多いが、単純計算してみると割とお得な年金であることがわかる。

平成二八年度の一カ月あたりの国民年金保険料は一万六二六〇円（平成二九年四月からは

一万六四九〇円)。年間にすると一九万五一二〇円、四〇年間で七八〇万四八〇〇円となる。受け取る国民年金の満額は年間七八万一〇〇円(二〇歳から六〇歳までの四〇年間しっかり払った場合)。一カ月に六万五〇〇八円の支給額を物足りなく感じるかもしれないが、しかしこれを一〇年間受け取ると約七八〇万円になり、だいたい元が取れることがわかる。

男性の平均寿命に近い八〇歳まで生きたとして、六五歳から年金を受け取った場合には、一〇年で元が取れるものを一五年間受け取ることができることになる。八〇歳まで生きたなら七八〇万円納めたものが一一七〇万円になって返ってくるわけである。

これほどお得な年金をもらう権利がありながら、それを未納や滞納で放棄してしまうなんてあまりにもったいない話である。

単純に計算すれば平均寿命ぐらいまで生きた人はだいたい得をすることが分かるにもかかわらず未納・滞納者がいるのは、制度が正しく理解されておらずマスコミなどにより不安をあおられるせいだろう。

「どうせもらえないから保険料を納めたくない」と言う若い人もいるがあまりにも短慮であ

る。自分自身で国民年金でもらえる額を上回るような運用をしろと言われても、少なくとも私は一〇〇％成功する自信はない。

本来、公的年金は任意のものでなく強制徴収の対象でもあり、年金不安をあおる言説にダマされることなく、まずは保険料を納めて公的年金を老後資金のベースにすることを考えたい。

「年金がもらえなくても生活保護を受ければいい」と考える人がいるかもしれない。基礎年金よりも生活保護の金額のほうが多いためそちらのほうが得だと言う。

ただ生活保護の場合は財産があれば「そのお金で生活しなさい」と言われることになり、ほとんど財産もなく年金受給権もない状態で老後を迎えるのはかなりのリスクを伴うことになる。将来の生活保護制度がどう変わっているのかもわからないし、生活保護を受けられたとしても最低限のギリギリの生活となることには違いない。

それよりは公的年金保険料をきちんと支払って、年金受給の権利を得ておいたほうが確実性は高くなる。

それでももらえる年金額は決して多くはないため、これでは足りないと思う人は老後のための蓄えをしておくか自分で私的年金に入っておくべきだろう。

では老後の備えとしてどんなものを選べばいいのか。私ならば不確実な要素をはらんだ〝高利回り商品〟などではなく、まず「税制の恩典があるか」という点に注目する。「それに入れば現状の所得にかかる税金が安くなる」のだからその分が確実な利益になる。

たとえば所得から保険料を全額控除してもらえる商品としては「確定拠出年金（個人型）」がある。主にサラリーマン対象の商品であったが、法改正によって公務員や主婦も入れるようになった。

自営業者の場合は「国民年金基金」に加入することができて、これも保険料が全額控除される。

どちらも控除には限度額があるものの、限度額一杯まで使えばかなりの節税となる。節税分がそのまま確実な儲けになり、それが毎年積みあがっていけば相当な得になる。

もうひとつ見逃されがちなのが私的年金にかかる手数料だ。税制上の恩恵を受けられても、高利回りを約束されたとしても、手数料をたくさん取られたら意味がない。多くの金融商品は販売会社の格好の手数料稼ぎになっている。

保険商品には大きく分けると掛け捨て保険と貯蓄型保険の二つがあり、前者のほうが手数料は高い。とはいえ貯蓄型保険もその中味をバラしてしまうと掛け捨て保険と投資信託を組み合わせてつくられたものである。

貯蓄型保険の手数料は商品によって異なるものの高いものでは一〇%近くにもなる。一般的に投資信託の手数料は二~三%程度である。

近年、金融庁は貯蓄型保険の手数料の開示を求めるようになり、その方向へと進んでいる。そうした中で手数料に敏感になることが自分の資産を守ることになる。三%の手数料がかかるならば三%以上の利回りの商品でなければメリットはないわけで、保険商品を選ぶ際にはそうした点に着目していく必要がある。

繰り返しになるが年金とは保険であり、破綻しないように保険数理で計算されて成り立っているのだから、理論上破綻することはない。

厳密な計算によって保険料＝給付額となるように算出され、破綻しないように設計されている。

今後、よほど酷い制度改革を行ったり日本の経済がボロボロになるような誤った経済政策運営を行わない限り日本の年金制度は大丈夫だ。

社会の環境に合わせて計算し直した結果、多少保険料が上がったり、多少給付額が下がったりする調整が行われることもあるが、それによって適正に保たれている。

〝マクロ経済スライド〟という言葉ぐらいは聞いたことがあるだろうか。年金給付のために二〇〇四年から導入されたものだが、これに関する厚労省の説明をひとことで表すと「保険料収入の範囲内で給付を維持できるように保険数理で計算します」ということになる。つまりきちんとマクロ経済スライドで調整していけば年金が制度的に破綻する危険性はないということだ。

保険数理で計算すればその制度がもつかもたないかはきちんと分かり、支払う保険料ももらえる給付金も劇的に変動することはない。

社会保障の議論の中で必ず出てくるものに「現役世代何人で一人の高齢者を支えるか」という考え方がある。

内閣府の発表する『高齢社会白書』の平成三〇年度版によると、二〇一五年には二・三人の現役世代で一人の高齢者を支えていたものが、二〇六五年には一・三人で一人を支えることになるとされている。

ここでいう現役世代は一五歳から六四歳となっているが、近年の日本で一五歳から働く人は少ないので、実際にはもう少し厳しい数字となるだろう。

この数字だけを見れば不安に感じる人はきっと多いに違いない。もちろんこのような状況は決して楽なものではないことも確かだ。

しかし政府がこの数字を出したということは、逆に言うとこのような人口減少状況はすでに十分予測されているということであり、年金数理の計算でもこれは（完全にとは言わないまでも）織り込まれている。

少子高齢化の状況をきちんと踏まえておく必要はあるが、しかし必要以上に不安をあおるロジックにダマされてはいけない。

「何人で一人の高齢者を支えなくてはいけない」というロジックの最大の問題点は「人数」だけで計算しているところである。

正しい議論をするためには「人数」に「所得」を掛けた金額で見ていく必要がある。

昔は六～七人で一人を支えていたが、一人あたりの給料はたいしたものではなかった。今はその当時よりも給料が上がっていて、年金財政から見ると、給料が二倍になれば昔の人の二人分になる。

人口が減少してもそれを上回る成長をして所得が伸びていけば、人口減少はさほど大きな問題ではなくなるのだ。

そう考えたときに問題となるのは、二〇年間のデフレにより初任給が劇的に上がってこなかったことである。マイナス成長が続いて所得が伸びなければ人口減少がモロに響いてきて年金制度は厳しくなる。

ただしこれは人口増加社会であっても同様で、経済が落ち込み所得が伸びなければ年金制度が成り立たなくなる可能性はある。

よって今後人口が少しずつ減少していくと予想されている中で重要なことは「経済を成長させて所得を増やすこと」となる。それが年金制度を安定させる一番のポイントだ。子供たちの数が少なくなってもその子たちが完全雇用状態となり稼ぎが良くなれば年金制度は成り立つ。「何人で一人を支えるか」を表すイラストがよくあるが、そのイメージにダマされてはいけない。

そもそも人口減少の影響についてもオーバーに捉えられている。

一年間で現役世代が四割減るというのであれば年金制度への影響は大きいが、五〇年で四割の減少ならば単純計算で年間一%。それぐらいであれば影響は少ないし、経済成長によってカバーできる。

◆年金制度の問題は？

とはいえ年金制度に問題点がないわけではない。

現状における制度上の問題点としてはまずGPIF（年金積立金管理運用独立行政法人）がある。

GPIFは二〇一四年に年金積立金の運用基準を見直して、国債など国内債券の比率を六〇%から三五%に引き下げ、外国株を含む株式投資の比率を二四%から五〇%に引き上げた。

その変更直後の二〇一五年に中国発の世界同時株安が起こったため年間の運用損失が五兆円を超えてしまった。

民進党（当時）をはじめとする野党はこぞって「運用基準の見直しが間違いだ」と批判した

が、しかしその指摘はまったくレベルの低いものであった。

株式で運用すれば一時的な損失は出るものだし、現実問題として安倍政権になってからの運用益は五兆円下がった時点においてもまだ民主党政権時代と比べてトータルでは上回っていた。

短期的な運用利回りの低下を捉えて批判するのはまったくの無意味であり、その後また株価が上昇して収支が好転すると批判の声はほとんど聞かれなくなった。

だが本来批判すべきはそこではない。

私はＧＰＩＦそのものに根本的欠陥があり、存在自体が不要だと考えている。

年金給付は物価スライドの仕組みを入れている。これは、インフレが進んだときには実際に支払った保険料よりも年金給付額を増やさないことには年金受給者は生活できなくなってしまうからだ。

そのため資産である保険料をインフレに備えて運用しなければならない。インフレ下においては債券よりも株のほうが少し強いことが分かっているので、だから株を持つというのがＧＰＩＦの存在理由となっている。

しかし日本の公的年金は賦課方式であり、将来の給付額がインフレによって上がったとしても、それと同時に将来集める保険料もインフレに連動して上がることになる。つまりインフレヘッジをする必要がないのだ。

さらに言えば、日本は保険料をギリギリまで低く抑えた結果として、厚労省のバランスシート上では債務である年金支給額と資産である将来保険料＋国庫負担金＋積立金が一致している。そのため仮に運用損失が出たときの〝リスク許容バッファー〟が存在しない。運用している積立金は資産の一割以下であり、運用に失敗したからといってただちに年金が立ち行かなくなるわけではないが、わざわざ市場リスクを取る必要がないことには違いない。

年金制度の根幹である「安心・安全」を最優先するためにも、必要のない積立金を集めて株式で運用するなどはまったく間違った考え方なのである。

しかも運用自体は官僚にできることではなく民間に丸投げなのだ。それならば国民それぞれが年金運用の一環として自ら民間金融機関を選択できる仕組みを導入しても同じことであり、やはりＧＰＩＦは必要がなくなる。

年金理論上はどう考えても必要のない機関であるにもかかわらずなぜＧＰＩＦが存在してい

るのかといえば、それは官僚が重要な天下り先を失いたくないというだけのことだ。

　そもそも私は公的年金の市場運用ほど国が行う事業として不適切なものはないと考えている。

　かつてアメリカでクリントン大統領が公的年金の株式運用を発表したことがあったが、これに真っ向から反対したグリーンスパンＦＲＢ議長はじつに明解に喝破してみせた。

「政府は国民の健康のためタバコ会社に厳しい措置をしなければいけないが、そのときに公的年金でタバコ会社の株を持っていたらどうするのか」

　株価維持のためにタバコ規制をためらったとしたらそれは大問題だし、タバコ会社を規制すれば株価が下がって国民の年金資産を減らすことになる。だからといって規制を公表する前に株を売ればそれはインサイダー取引になってしまう。

　どちらにしても国民に利益はないというわけである。

第二章

論理的・数学的思考で読み解く諸問題

◆アベノミクスは及第点

数学というのはランゲージバリアのない世界だ。数式を見れば日本人でもアメリカ人でも同じように理解ができる。言葉の壁がないので日本人がアメリカへ行っても数学の話であれば、相手も数学が分かる限りはすぐに通じる。

数学の論文であればロシア語、イタリア語、フランス語、ドイツ語などの言語で書かれていてもだいたい読むことができる。言葉は分からなくても数式を見れば何が書いてあるかが分かるためだ。

そういう点で数学というのは〝神の言葉〟といえるかもしれない。もし宇宙人と会ったとしても数学を介せば会話が成り立つのではないか。

今、私は大学教員だが、翌年の就職率の予測値を出して大学の就職担当の人に伝えている。

毎年ほぼ予測通りの数値になっているので、大学では〝予言者〟のように思われているらしい。

しかし私は数値を計算しているだけである。予測式をつくってそこに数値を入れると就職率が出てきて、それを伝えているに過ぎない。背景にある計算式を分かってもらうことは難しいので途中は省いて結論だけを伝えるから予言者のように思われてしまう。

しかし実際には数式モデルをつくってそれに数値を当てはめているのであって、結果が当たればモデルが正しかったと証明されるし当たらなかったときにはモデルを修正して当たる確率を高めていく。

数理的でロジカルな思考が役に立つのは予測の精度が高くなるという点だ。人間は予測の中に自分の思いを込めてしまうことがあるが、ロジカルな予測であれば希望的観測を入れる余地がなくなるので当たる確率は高くなる。

知的生活とはそういう楽しみを得ることではないか。だから私としては「数学を勉強することが知的生活の第一歩である」と言いたい。

私はこれまでアベノミクスを「七〇点程度」と評価していて、これは現在も大きく変わっていないのだが、合格点とした最大の理由がこの失業率の改善にある。〝親安倍〟とか〝反安倍〟などという下世話な話ではなくデータをもとにしてロジカルに考えればそういう結論になる。

雇用があるかどうかは経済の根幹であり、経済理論においては失業率をその社会の最低ラインにまで下げることができれば正規雇用が増えて賃金が上昇し、雇用の質も改善することが分かっている。

アベノミクス批判のひとつに「なかなか賃金が上がらない」というものもある。しかし物事には順序があり、まずは失業者を減らす対策をして、雇用が満たされるようになった後に賃金が上がってくる。

一時期は五・四二％まで悪化していた失業率がアベノミクス以降は三％以下にまで改善しているのだから雇用においては満点に近いといえよう。

その一方でGDPについては消費増税の影響もあって消費が落ち込み、実質GDPの成長率は伸び悩んでいる。消費税五％から八％への引き上げを決めたのは二〇一二年、民主党の野田佳彦政権だから、安倍首相にこの責任をおっ被せるのは気の毒だが、そうは言っても数値が伸びていないのは事実であり、採点は自ずと辛くなる。

最優先の雇用が九〇点、GDPを五〇点とすれば、単純に両方の点数を足して二で割って「アベノミクスは七〇点」ということになる。


アベノミクスにおける「異次元の金融緩和」は「ヘリコプター・マネー」とも言われ、「これを実行するとハイパーインフレになる」などと言う人がいる。

だがそう言う人たちは得てして「ヘリコプター・マネー」という言葉の定義をあいまいにしたままである。

なんとなくヘリコプターからお金がバラまかれる様子をイメージして、そうやって市中にマネーがあふれた結果、貨幣の価値が暴落すると言いたいのだろうが、そんな雰囲気だけの話には何の意味もない。

ヘリコプター・マネーとは、国債発行の財政支出と国債を購入する金融緩和を同時に行うことをいう。政策効果としては当然景気を刺激することになり、結果的にインフレになることは確かである。

だがどの程度のインフレになるかはさじ加減ひとつで決まる。

極論すれば程度によってはハイパーインフレにもなり得るのだが、日本においてはまったく現実的ではない。

そもそもハイパーインフレとは「月率五〇％（年率一万三〇〇〇％）を超える物価上昇」のことを指すのだと、アメリカの経済学者フィリップ・ケーガンによってきちんと学術上の定義をされている。

二〇〇八年にアフリカのジンバブエでジンバブエ・ドルが大暴落したことで話題になったが、日本とジンバブエでは経済規模も政治体制も異なる。政府の言うがままに中央銀行が紙幣を発行し続けたジンバブエとは事情が違うのだ。

じつは一〇兆円規模でヘリコプター・マネーを行ったとしてもさほどインフレにならないことは計算からはっきりしている。ざっくりとした試算では一〇〇兆円規模で三〜四％ぐらい。一〇〇兆円であれば二ケタのインフレになるかどうかといったところ。

一〇〇〇兆円のヘリコプター・マネーでもインフレ率はその程度なのだから、日本でハイパーインフレを起こすにはそれこそ天文学的な量のマネーを投入しなければならない。

つまり「ヘリコプター・マネーを日本で導入するとハイパーインフレになる」という言説は幻想なのである。

このような程度問題だということは計算してみればすぐに分かることで、日本の評論家が言うような「禁じ手だ」とか「ハイパーインフレだ」というような極端な話はまやかしだし、そういう与太話をする輩は経済の話をするのに根拠とするべき計算すらしていない。インフレ目標を設定していればそれを達成した時点でヘリコプター・マネーをやめるのだから、ハイパーインフレなどになりようがないのだ。

しかし日本では具体的な定義もないままにイメージだけで話す人間が、経済学者を名乗る者の中にも多いから困ってしまう。

またそういう主張をする輩に限って「アベノミクスでデフレは脱却できない」などと言う。ヘリコプター・マネーとはアベノミクスそのものと言ってもいいものなのに、一方でハイパーインフレになると批判しながら同時にデフレ脱却できないと言うのはまったくの矛盾であることに気付いていないのだろうか。

そうやって言葉の定義もないまま勝手なイメージで社会に不安をバラまくことこそが、言論人としての〝禁じ手〟とはいえまいか。

◆住む世界が違う大蔵官僚

一九八〇年に大蔵省へ入省した私は法学部出身の大蔵官僚たちとは「住む世界が違っている」と感じた。彼らは非常にエリート意識が強く「俺たちは日本の財政の専門家だ、国家を背負っているのだ」と豪語していた。しかし私から見ると彼らには財務官僚としての専門性がまったくなかった。

財務省というのは英語で「ミニストリー・オブ・ファイナンス」となる。だが「ファイナンス（財務、金融、会計）の省」であるにもかかわらず多くの文系出身の財務官僚がこれを理解しておらず、ファイナンスに不可欠な数理的思考についてもアヤシイものだった。

数学科出身の私は多くの法学部出身官僚から「専門バカ」と嘲られ「思考のバランスが悪い、偏っている」と言われたりもした。しかし私からみれば彼らは専門バカにもなれない単なるバカである。

たったひとつでも専門分野があれば、何も専門がない人間よりはマシであろう。「専門バカは一個のことしかできない」と言われるが、言い換えれば「専門分野は抜群にできる」のである。「バランスが取れていない」との批判はあっても、何もできなくてバランスだけが取れているよりははるかに良いだろう。

財務省をはじめとして各省庁の官僚たちは「事務処理能力が高い」と持ち上げられる場面がよくある。だがこれからの時代、事務処理などというものはAIにもできるようになる。問題とされた森友文書の書き換えもAIにできるだろうし、改ざんしてもAIに見つけられてしまうだろう。公務員の仕事には定型的なものが多いから、大半の仕事をAI化できる。恣意的な要素が入らず、誰に対してもえこひいきせず公平に処理できるという面でもAIに任せるほうがいい。

いまだに世間では「財務省に入るのがエリートだ」とか「東大出身者、とりわけ法学部出身はすごい」とか「偏差値は高いほうがいい」という思い込みを持っている人が多い。東大を出ていようが財務省に入ろうがバカはバカ。勤務先や出身校など表面的なことで人を判断せずもっと本質的なところで判断すべきだ。

世の中の人は財務官僚のことを専門家だと思っているがまったくの誤解である。民間企業の人なら分かるだろうが、会計は負債と資産のバランスシートを見るのが常識だ。国の会計においてもバランスシートを見るのが世界の常識である。ところが財務官僚たちは国の借金のことしか言わない。借金のことばかりを強調して資産について話さないのは「増税したい」という底意があるからだ。バランスシートの片側のことしか話さない人たちが「俺たちは財政の専門家だ」などとは、本当にバカとしか言いようがない。

法学部出身であっても百歩譲って法律の専門家であるならまだいい。しかし専門家という以上、少なくとも司法試験くらいには合格していないとおかしいのだが、実際には司法試験に通っていない学部卒だけの法学士官僚が多かった。

「赤字国債の増大は問題だ」「国の借金を早く返して後の世代にツケを残さないようにすべきだ」といった言説は、道徳的には多くの人に受け入れられやすい。ただし国が財政政策や経済政策を行う上では、こうした道徳的な常識は正しい経済理論とは異なることもあるし、それが弊害となる場合もある。

学生にマクロ経済学を教えるとき、一般常識からすると不道徳にみえる経済政策を理解させなければならないこともある。ミクロ経済における個人的行動としては道徳的なことであっても、それを皆でやるとマクロ経済では困ったことになるということが往々にしてある。これを経済学の用語で〝合成の誤謬〟という。

その典型例が倹約であり、借金をなくそうとすることである。個人にとって倹約は良いことでも、それを皆でやると消費が落ち込んで不況になり、結果的に失業が発生して皆の所得が少なくなる。また政府の借金である国債をなくそうとすると超緊縮財政となって国民経済は大きなダメージを受けることになってしまう。

「借金をしない」という道徳律はじつはビジネスの常識に反しているのだともいえる。ビジネスは基本的に自己資金でまかなえないため他人から資金を調達して事業を興す。借金を持たないという段階でビジネスを否定することになってしまう。

借金を経済的にきちんと理解するためにはバランスシートが必須である。借金がいくらあってもそれに見合う資産があれば経済的に問題はない。

ところが財務省は国の借金を道徳問題として扱おうとする。政府債務をバランスシート右側のグロス債務額だけで説明して、左側の資産の部分については触れようとしない。財務省の言いなりのマスコミも政府債務をバランスシートで捉える記事を書くことはほぼない。

二〇一七年三月十四日、政府の経済再生諮問会議でノーベル賞経済学者のジョセフ・E・スティグリッツ氏が意見表明をした。その資料の中で「政府（日本銀行）が保有する政府債務を無効にする」という表現があった。これは内閣府の訳文であり、原文では〝Cancelling〟とあるので〝無効〟ではなく〝相殺〟である。この意図するところは「政府債務は、中央銀行を含めた統合政府の資産を差し引いて見なければいけない」ということだ。

せっかくのスティグリッツ氏の意見なのに財務省もマスコミも積極的に伝えてはいない。

◆アベノミクスの景気拡大とは

アベノミクスによる景気拡大は、二〇一九年一月には戦後最長の『いざなみ景気』（平成十四年二月〜二〇年二月の七三カ月）を超えたとされる。その一方で景気回復の実感が乏しいとの声も多くその理由としては「潜在成長率の低下」が挙げられている。こうした分析は妥当だろうか。

景気の動向については内閣府が作成する景気動向指数の一致系列指数が改善しているのか悪化しているのかによって回復期か後退期かを判定することが通例となっている。

一致系列指数とは以下の九系列――生産指数（鉱工業）、鉱工業用生産財出荷指数、耐久消費財出荷指数、所定外労働時間指数（調査産業計）、投資財出荷指数（輸送機械を除く）、商業販売額（小売業の前年同月比）、商業販売額（卸売業の前年同月比）、営業利益（全産業）、有効求人倍率（新規学卒者を除く）を総合したもので、一般に〝景気とほぼ一致して動く指数〟とされている。

私が経済状況を見る場合は「一に雇用、二に所得」であり、それ以外の個別の産業や各人の価値基準が入ってくる所得の不平等などといった分野は評価の対象外としているので、その立場から見ると一致系列は生産面の指標が重複しているし雇用の統計が足りないように感じてしまう。逆に言えば、このような雇用を重視しない指数を見ていれば雇用政策の肝となる金融政策への言及が少なくなるのも仕方がないのだろう。

雇用を重視する立場からすると現実問題としてアベノミクス景気を感じている。私の勤務する大学はいわゆる一流校というわけではなく、その時々の社会情勢によって学生たちの就職率が大きく変化する。四、五年前には就職率が芳しくなく学生を就職させるのに四苦八苦だったが、今では卒業生の就職で苦労することがかなり少なくなった。これはアベノミクスの金融緩和によって失業率が低下したこととの恩恵である。

「アベノミクスでわずかとはいえプラス成長は続いているものの潜在成長率は低下している」との批判もあるが、これも怪しい。

〝いくら金融緩和をしてもこれ以上失業率を下げられない、以後はインフレ率のみが高くなる〟という構造失業率について、日銀はこれまで「三％台半ば」と言ってきたが、私が試算したところではそれよりも低い「二％台半ば」であった。

この構造失業率は潜在成長率と表裏一体の関係にあり、構造失業率が低ければ潜在成長率は高くなる。つまり「潜在成長率が低下している」というのなら「構造失業率は高まっている」ことになるわけだが、そうした事実は見られない。はっきり「誤っている」と言っても構わないだろう。

「人手不足なのに賃上げが進まない」と主張したり、財政危機を強調する人は相変わらず多い。こうした人はなぜ間違えるのか。

賃上げが進まないことをテーマにした書籍も出ているのだが読んでみて驚いた。経営学、社会学、マクロ経済や国際経済の専門家、厚労省、総務省統計局、日銀エコノミストなど二〇人以上が寄稿している中で、誰一人として構造失業率を論じていない。そして既に完全雇用が達成されているという前提で論が進められているのだ。

「賃上げが進まない理由は経済学で解明できない」などと言う巷のエコノミストもいるが、これは単に構造失業率を見誤っているだけのことだ。失業率は下がっているとはいえまだ三%を切ったところ。私の試算による構造失業率＝二％台半ばに照らせばまだ完全雇用には至っていないのだから、明らかな賃金上昇は「これから」というのが正解なのである。

構造失業率を自分で計算できない人に限って日銀が「三％台半ば」と言うのを鵜呑みにしているのだろうが、現状を見てみれば一目瞭然で近年は三％を下回っている。つまり「これ以上下がらない」はずの三％台半ばよりも下がっているのだ。

ようやく日銀もこの誤りに気が付いたようで、そのうち「二%台半ば」と修正してくるものと見ている。

「見せかけの好景気の裏で財政危機に陥っている」との言説については、本書別項でも詳述した通り。こうした批判をする人は単に財務省シンパであるか財務省の言うことを鵜呑みにする人たちだ。政府のバランスシートを読めないのかわざと誤読しているのか、ちゃんと見れば日本に財政問題はほとんどないことが分かる。

これはノーベル経済学賞を受賞しているクリストファー・シムズ教授やジョセフ・E・スティグリッツ教授も述べていることである。

財務省を妄信してきた人の中には「シムズやスティグリッツが間違っている」と豪語する人もいるが、それならばきちんと論文にして発表するといい。ノーベル賞学者を論破したならばきっと世界中から脚光を浴びることだろう。

アベノミクス批判の裏にはこのように、日銀と財務省によるこれまでの誤り、あるいはキャンペーンによる負の弊害が出ているのだが、まだ日銀はいわゆるリフレ派を審議委員に登用するなど改善の兆しがうかがえる。

一方の財務省にはそうした気配がまったく感じられず、広く流布した財政再建に関わる誤解を是正することは容易でない。

マスコミは特に酷く、その多くでは財務省の言うがままの財政危機を前提に話が進められている。

「財政再建待ったなし」「少子化の日本はもう経済成長は難しい」「日銀の出口戦略は急務だ」——こうした記事が経済紙や大手メディアに平気で出てくるのはなぜなのか。

大手経済紙は毎日大量の記事を生産しなければならない。すべての記事を自社取材で掘り起こすことができればいいのだろうがそうもいかず、そのときにニュースソースとして頼るのが役所なのである。役所にしても自らの政策を大新聞が世間に広めてくれるのだから願ったりかなったりだろう。

そうした両者の思惑が一致して日本独自の記者クラブ制度が成立している。役所内の一室がマスコミ用に割り当てられて、そこに各紙記者が常駐し記者はアポイントメントなしに役人たちと接触できる。

クラブ記者は原則として役所内の職員と同じようにどこでも出入り自由だから、職員食堂なども利用していて、そこで役人たちと文字通り〝同じ釜の飯を食う〟仲となり新聞用のネタをもらう。クラブ記者からすると各省庁はネタを提供してくれる協力者であり、記事のウラを取れるところであり、政策のキモの部分を教えてくれる先生でもあるのだ。

そんなクラブ記者の中でも特に重要視されるのが財務省と日銀である。財務省の記者クラブは財政研究会、日銀は日銀倶楽部（金融記者クラブ）と呼ばれていて、大手新聞の経済記者にとってはどちらも幹部への登竜門となっている。こうした経緯から大手新聞社の幹部には財務省や日銀の考えに染まりきった人が少なくない。

財務省が増税を目的として「財政再建待ったなし」と言えば、それはマスコミにとって疑う余地のない言葉となる。バランスシートを見せながら極めて論理的に「財政再建は事実上完了している」と言ったところで信じようとはしない。

「少子高齢化で経済成長できない」というのも、経済成長による税収増という考えを排して増税を進めるには都合が良いため財務省に好まれる。実際にはＩＣＴなど新分野への投資により他の先進諸国並みに経済成長をすれば財政問題は（財務省の言うような実際より高いレベルのものであっても）解消できる。よって「人口減少を心配する必要はない」のだが財務省はこれを過度に強調し、マスコミもそれに追随するのだから困ったものである。

アベノミクス以降は大きく変わった日銀だが、しかしマスコミはなお古い体質を引きずっている。「これまで主張してきたことを今さら変えられない」という妙なプライドがあるのか、「金融緩和は良くない」というかつての日銀遺伝子が未だにはびこっていて「日銀は出口戦略を」という記事が発せられる。このとき「金融政策の本質が雇用政策にあり金融緩和で失業率が下がった」というファクトは無視されたままである。

「人手不足が深刻だ」と指摘する一方で「賃金が上がっていない」と問題視してみたり、「賃上げの勢いは鈍い」と書いておきながら「人手不足で人件費が上がり企業収益が圧迫される」と論評する。そんなまったく矛盾した記事を同時に発信するのだからデタラメもいいところだ。

日銀による異次元緩和についてもキチンと分析した記事を見たことがない。

二〇一七年の総選挙で自民圧勝となった後に海外の経済ニュースでは「金融緩和が継続された結果」と勝因分析していたが、日本でそのような報道を見ることはまずない。「希望の党の失速」や「野党分裂」を言うばかりで挙句には「なぜ若い世代が安倍政権を支持するのか分からない」である。「雇用が改善しているから若者が支持する」という当たり前の分析は、あったとしてもごくわずかだ。

「金融緩和は実質金利を下げるので民間需要が増えると同時に人への投資＝雇用が増える」という経済理論を日本で分かっている政治家や学者、マスコミは極めて少なく、特に左派・リベラル勢では皆無に等しい。何よりも政権批判が重要であるらしく、政策そのものの正しさなどは一顧だにしない。

消費税や年金問題などで「将来のために痛みに耐えるべきだ」というのもいまだに学者やメディアの論調として見かける。

この「痛みに耐える」論でよく知られているものに、小泉純一郎政権発足直後の国会での所信表明演説で引用された「米百俵の精神」がある。長岡藩士・小林虎三郎の教育にまつわる故事であり、藩の窮乏時に他藩から送られた義援米を、食べるのではなく売却して学校設立資金に充てたという話だ。

今の財政に当てはめるならば、政府支出をする際に消費支出＝職員の給与や消耗財の購入を削って、それを投資支出へ振り替えるということになる。

ところがこれを主張する人たちは故事を曲解して「いま消費増税をして債務を返済し、将来の不安を解消すべし」などと言う。

マクロ経済的にみれば、なるほど消費増税は政府支出を削減することと同じである。その政策自体の是非はひとまず別にして、問題は債務削減と投資支出が似て非なるものだということである。

正しい投資であれば、それによる将来の収益は債務の利払い分を上回る。「債務はマイナスの投資だからこれを削減することは投資と同じ」などというのは屁理屈に過ぎず、債務削減による収益率は投資の収益率を下回る。つまり消費税増税（または歳出削減）をしたならば債務の返済に回すのではなく将来に向けた投資をすることが「米百俵の精神」に則った政策なのである。

さらに言うと、米百俵の場合はそれが他藩から贈られたものであるのに対し、消費増税（歳出削減）は主体的に行うところが大きく異なる。

マクロ経済からみれば、債務返済は社会的な人的・物的投資を減らす政策であって、失業率が最低水準の完全雇用状態でない限り、これは将来の富を減少させ経済状況の悪化を招くことになる。ひいては将来の財政事情も危うくするまったくもって不適切な手法なのである。

つまり今言われている「痛みに耐える」論は本来の趣旨から逸脱しているのみならず、現在の人に痛みを与えると同時に将来の人にも痛みを与える恐れのあるじつに危険な言説なのである。

公共投資を「未来へのツケ」とさも悪いことのように言う人がいる。ツケということは否定しないが、しかしそれを悪者と断じるのはあまりに短絡的な意見である。借金には違いないが、それに対してのリターンを考えていないからだ。

借金を否定するというのは投資効率を無視した考えだ。公共投資は将来的な収益を見込んでやっているわけで、借金そのものが目的であるわけがない。それに対しても「モノへの投資よりも人への投資を」などと漠然としたよく分からないスローガンを振りかざす輩がいるが、経済理論からするとてんで話にならない。

ツケであっても投資効果が高いものならば何だってやったほうがいいに決まっている。むしろ問題なのは儲かる儲からないという基準もなしに公共投資を大幅カットした民主党政権のようなやり方なのである。

ただし大原則として、政府がやる場合には民間ではできないことに限る。民間でもできることを政府が公共事業で行えば、たとえ成果が得られたとしても民業を圧迫することになる。民間の投資を市場から追いやって儲けに走るなどはまったく正当化できない。

ただし高度経済成長期の時代とは異なって一定の社会インフラが整備された現在においては

〝無駄な公共事業〟が増える傾向にあるのも事実だ。

その意味で公共事業よりも投資効果が高いのは教育や科学技術分野への投資であろう。これまでは国債を発行して教育投資をするというようなことはなかったが、今後はそうした発想も必要となる。特に金利が安い今だからこそ未来へ投資する絶好のチャンスなのである。

第三章

統計不正の何が問題なのか

◆与党も野党もメディアも幼稚園レベル

二〇一九年初頭、毎月勤労統計調査に不正があったとして、国会では野党が盛んに安倍政権を攻め立て、新聞・テレビでも「けしからん」といった批判が報じられた。

しかしこの問題が一体どういうものなのか、きちんと理解している一般の人はほとんどいないのではないか。

じつはメディアの人間たちも理解していない。野党も同じで、国会での質問を見ていても私には「何を聞いているのか」がわからない。

これは与党の政治家も同じことでどちらも幼稚園レベル。わかっていない同士がやり合っていて、それをやはりわかっていないメディアが報じているのだから、一般の人が理解できるはずもない。

毎月勤労統計調査においては本来、五〇〇人を超える規模の全事業所について調査すべきところを、大企業の多い東京都だけ三分の一の事業所を抽出して調査した。

統計で一番重要なのは、どのくらいを対象にするかということで、対象となる事業所は全国で二〇〇万ある。それを毎月すべて調べるのは無理でも三万件調べれば二〇〇万件調べたのと同じくらいになる。そこで東京都では一五〇〇件調べるとしていたところを五〇〇件しか調べていなかったから「けしからん」というわけだ。じつは統計調査としては一五〇〇件でも五〇〇件でもさほどの違いはないのだが、それでもこれが手続き違反であるということは間違いない。

しかもその後、データの復元（抽出調査を全数調査に近づける統計処理）を行わなければならないのにやっていなかった。これも問題だ。

ではなぜ復元をしなかったのか。推測になるが復元するときは現場から上に報告しなければならないのだが、これが面倒だったのではないか。

東大法学部を出た日本の官僚は優秀だと思っているかもしれないが、統計という観点でみれば官僚も幼稚園レベルである。文系ばかりだから理系的なことが理解できない。そんな理解できない官僚に説明するというのは大変厄介なことであり、それで復元の手続きを行えなかったのではないか。

一五〇〇が五〇〇になったのなら、全体では三万が二万九〇〇〇になったということ。大雑把な例えで言えば、本来なら全部合わせた数字を二万九〇〇〇で割らなければ平均が出てこないのに、それを報告していないから三万で割ってしまったというわけだ。

しかし計算してみれば、三万で割るのと二万九〇〇〇で割るのでは、誤差はわずか〇・三％。折れ線グラフの線を太くしてしまえば合わさって見えなくなる、その程度の誤差なのだ。

だから確かに手続き違反ではあるものの実害はほとんどない。これによって失業給付が一五〇〇円少なくなったぐらいのことで、それはキチンと手当てすればいい。

これだけで終わる話なのに、野党も与党も理解している人がいないから延々と問題が続くことになってしまった。

野党は統計法違反で追及できなくなると、今度は「サンプリングデータの入れ替えを行った」と批判を始めた。しかし入れ替えをするのは当然で、いつも同じ対象だったら新規参入がないからデータが見えてこなくなる。サンプリングの入れ替えによる誤差は出るものの、それも計算できることだ。

さらに「官僚が入れ替えの指示をした」と言うのだが、官僚自身が統計を理解していないのだから指示のしようがない。

「中江元哉元首相秘書官は財務省出身だからわかるはずだ」と野党は言うが、彼は文系だからわかっていない。彼の名前が出てきた時点で私は「指示していないんだな」とすぐに思ったものだった。

それに、仮に指示していたからといって先ほど記したようにサンプリングを替えたところで結果は誤差の範囲内であり、何の問題もない。

野党は「政府は統計を改ざんしてアベノミクスの成果をかさ上げした」というストーリーに

したいのだろうが、手続き上の問題はあったにせよ結果出てきた数字は誤差の範囲内。モリカケ以上にバカバカしい空騒ぎというのが、この件の実相なのだ。

こうした問題が起こるのは、日本がキチンとした数学教育をしてこなかった結果だといえよう。統計というものを軽んじているともいえる。

たとえば私のような統計の専門家、スタティスティシャンはアメリカでは外科医よりも給料が高い。それも当然のことで、データは「二十一世紀の石油」と言われるくらいのものであり、これを扱えなければ経済の世界では話にならない。そのため専門家は高給取りになるし、もちろん役所でも同じような専門家を雇わなければならない。

ところが日本にはそれが全然いない。そうした大本の問題を解決しないことには、日本はデータ分野において先進国といえなくなる。

◆問題はなくとも許されるものではない

このたびの統計不正を試験で例えてみよう。

どこの大学でも似たような採点基準であろうが、学生への通知はS、A、B、C、Dの五段階で行い、教員が大学に提出するのは一〇〇点満点での点数だ。九〇点以上をS、八〇点以上九〇点未満をA、七〇点以上八〇点未満をB、六〇点以上七〇点未満をC、六〇点未満をDとし、六〇点以上で及第である。ちなみに二〇一八年度の私のクラスの採点はS一九%、A八%、B一七%、C二五%、D三一%という結果であった。例年よりはSが多かったがそれでもSはあまりいない。

しかしこのときもし出題の一部が不適切だったとしよう（断っておくが私の試験がそうであったというわけではない）。その場合の処置として、すべての学生に該当問題では点を与えたとしよう。そうするとすべての学生の点数は上がるが、不適切な出題がごく一部であれば学生へ通知する五段階評価が変更されることはない。

今回の統計不正はこれと同じことでアベノミクスの評価そのものを根底から覆すものではない。私のアベノミクスの評点がBだとして、この評価は統計不正が発覚した後でも変わりはない。

もっとも、経済分析において結果としてこれまでの評価が変わらないというのは単に偶然その範囲に収まったというだけのことだ。統計不正は統計の信頼を根底から揺るがすものであり、決して許されるべきものではない。

今回の統計不正の問題としては以下の点が上げられよう。

（一）二〇〇四年から、全数調査すべきところを一部抽出調査で行っていたこと

（二）統計的処理として復元すべきところを復元しなかったこと

（三）調査対象事業所数が公表資料よりも概ね一割程度少なかったこと

これらは手続き面からして統計法違反ともいえるものでアウトだ。実害としては（二）のために二〇〇四～二〇一七年の統計データが誤っていたということになり、統計の信頼を著しく損なうとともに雇用保険の給付額等の算出根拠が異なることとなって、追加支給は延べ二〇〇〇万人以上、総計八〇〇億円（事務費用を含む）程度になる。なお統計技術から（一）はルール変更の手続きをすれば正当化できるし（三）では誤差率への影響はなく、統計数字の問題自体は大きくないということはすでに述べたとおりだ。

私は今回の統計不正について根深いものがあると考えている。

経緯を考えてみよう。驚くべきは、統計職員が最近急減していることだ。二〇〇四年でみる

と農林水産省には四六七四人の統計職員がいたが、農業統計ニーズの減少のためにこれまで四〇〇〇名以上を削減してきた。他の省庁でも若干の減少である。今回問題になった厚生労働省は三五一人の職員だったが今では二三三人に減少している。

日本政府の統計職員数は一九四〇人であるが、これは人口一〇万人あたりで二人ということになる。他国と比較してみると、二〇一二年度の数字でアメリカは一〇万人あたり四人、イギリス七人、ドイツ三人、フランス一〇人、カナダ一六人であり、日本の現状は必ずしも十分とはいえない。

どこの世界でも同じだと思うが、統計の世界でも従事人員の不足は間違いを招くことになる。これについては有名な実例がある。一九八〇年代のイギリスにおいて政府全体の統計職員約九〇〇〇人のうち二五〇〇人（全体の約二八％）を削減したところ、八〇年代後半になって国民所得の生産・分配・消費の各部門の所得額が一致しなくなり、経済分析の基礎となる国民所得統計の信頼が失われてしまったのだ。

なお日本の統計事務は省庁ごとの縦割りであり、世界の標準的な省庁横断的組織になっていない。統計職は対象が何であっても応用が効くので各省庁ごとに統計職員を抱える必要性はなく、しかも統計の公正性を確保するなら各省から独立した横断的組織のほうが望ましい。

一刻も早く、国会における独立委員会を含めて第三者委員会や捜査機関による徹底した調査を行い、統計に対する国民の信頼を回復しなければいけない。その際、人員・予算の確保、横断的な専門組織の創設が重要だ。

◆歳入庁を新設せよ

年金について考えるときに重要なのは「国民皆保険」であるという点。皆保険とは「すべての国民が入らなければいけない保険」ということだ。

その意味でいうと「保険料」は「税金」と同じ性質を持っている。一部の人が納めるのなら税金と同じにはならないが、「すべての人が納めなければならない」となればこれは税金と同じ性質になる。

そこで国民年金法を見ると、第八八条（保険料の納付義務）で「被保険者は保険料を納付しなければならない」と規定されていて、さらに第九五条（徴収）には「保険料その他この法律の規定による徴収金は、この法律に別段の規定があるものを除くほか、国税徴収の例によつて徴収する」とある。

要は保険料は税金と同じ扱いであるということが明記されているわけで、ならば滞納者に対しては強制徴収するのが筋である。

これまでに社会保険料を納めないからといって強制徴収されることはほとんどなかったが、二〇一七年度からは強制徴収の基準が引き下げられて年間所得三〇〇万円以上で一三カ月以上の滞納者が、二〇一八年からはさらに「七カ月以上の滞納者」にまで強制徴収対象者の枠が広げられた。

滞納が続く人にはまず文書や電話、訪問などによって納付が求められる。度重なる要請にも応じないでいると、納付書とともに「記載の指定期限までに納付されない場合は財産差し押えの滞納処分を開始する」ことを記した最終催告状が送付される。

指定期限までに納付がなければ督促する文書が追送され、この督促状の指定期限までに納付がなければいよいよ滞納処分が開始され、延滞金が課せられるとともに財産差し押さえの手続きがなされることになる。差し押さえは滞納者本人のものだけでなく、滞納者の世帯主や配偶者ら連帯納付義務者の財産も対象になる。

厚労省の資料によると二〇一六年四月～二〇一七年二月分について最終催告状が送られたのは八万五〇九八件、督促状は四万九五五七件で、財産の差し押さえは一万二六九〇件とされている。

年金の保険料を「払わなくてもいい」と思っている人が未だにいるようだが、そんな考えは通じなくなりつつある。そもそも払わなくていいという考えが間違っているのだが、「保険料を払わなければ年金給付を受けられない」ということから「年金受給に期待しないから払わない」というような発想が生じるのだろう。

しかし納付義務のある保険料を意図的に納めないのであれば、それは「脱税」と同等なのである。

保険原理からいえば、年金財政が厳しくなったときには税の投入ではなく保険料の引き上げを実施すべきなのだが、その前にやるべきことは「徴収漏れ」をなくすことであり、これを見逃したまま保険料を上げるわけにはいかない。

かつての「消えた年金問題」では中小企業が従業員から保険料を徴収しながら社会保険庁に

払い込みをしていなかったケースがかなり存在したことが分かっている。そういうことを許してしまっては真面目に保険料を納めている人がバカを見ることになる。まずは国民年金保険料を滞納している人から徴収すること。さらに企業が厚生年金を正しく納めていないケースをなくすことが重要だ。

年金と税金は払い込む先が日本年金機構と税務署と違っているから別のものと思われがちで、深く考えなければそう思っても不思議はない。

しかし両方とも強制徴収される性質のものであり、もしどちらも税務署に納める形式になれば保険料は税金と同じという認識が広まることになるだろう。

保険料と税金はどちらも国からすると「債券」であり、納められなければ滞納処分にできる。給料といえども差し押さえの対象だ。

法律の性格も同じなので徴収方法は一元化できるのにそれぞれに徴収するのは、二度手間となるだけだから、いっそのこと一本にまとめてしまえばいい。その発想から導き出されるのが「歳入庁」という考え方だ。国税庁と日本年金機構の徴収部門を統合して「歳入庁」を創設するのである。

現に他のほとんどの国では歳入庁に相当するものをつくっていて、税金と社会保険料を徴収している。別々に徴収する国が歴史上でなかったわけではないが、現在でも組織を二つに分けてそれぞれに徴収している日本がかなり珍しい国であることは確かだ。

アメリカの社会保障局（ＳＳＡ）では全世界の社会保険を調べた調査書があるが、それを見ても日本のように税金と別に保険料を集めている国は皆無に等しい。

歳入庁をつくって税金と社会保険料の徴収を一体化しておけば、個人事業主や企業の調査も簡単になり、徴収漏れを減らすことができる。税務署は企業の法人所得を調べるときに、法人税とともに源泉徴収税も調べている。源泉徴収税も社会保険料も社員の給料から一緒に源泉徴収しており帳簿をみれば両方とも記されているのだから、年金を納めないような不正があればすぐに見つけることができる。しかし現状において社会保険は税務署の所轄外であるため見て見ぬふりをするしかない。中には日本年金機構に不正を伝える税務署員がいるかもしれないが、役所が違えばやりにくいことに違いはない。

そのため日本年金機構も税務署とは別に社会保険料について調べているわけだが、それならば税務署に一括で任せるほうが効率的だ。保険料を納めていない場合の滞納処分もすべて税務署に任せればより確実な徴収ができる。

このように考えれば、国税庁と日本年金機構の徴収部門を統合して歳入庁にすることがいかに合理的であるかが分かるだろう。

それなのになぜ実現しないのかといえば、財務省の抵抗があるためだ。

現状だと国税庁は財務省の機関だが、日本年金機構の徴収部門を吸収して歳入庁となれば、そのときには内閣府の機関になるものと思われる。そうなるとこれまで財務省が牛耳ってきた国税庁の人事ができなくなってしまう。

歴代の国税庁長官はみな財務省キャリアであり、財務省で事務次官になれなかった人がそのポストを得ている。じつは国税庁でも自前で採用をしていて国税庁キャリアという人たちもいるのだが、しかしそちらは国税庁長官にはなれない慣習になっている。

それどころか東京国税局長、大阪国税局長、名古屋国税局長も皆が財務省キャリアのポストとなっている。国税庁キャリアのポストは部長職のひとつだけで、それより上はすべて財務省キャリアで占められているのだ。

この暗黙の慣習は今も続いていて、これがもし歳入庁となって財務省の手を離れれば、財務省はかなりのポストを失うことになる。

国民からすれば「それだけのことで?」といった話で、その程度であればやはり歳入庁にしたほうが合理的だとほとんどの人が思うだろう。

しかし財務官僚にとっては切実な問題であり、仮にこのような多くのポストを失う改革を財務省内で主張したときには、それこそ総スカン状態となり出世の道を断たれることにもなるだろう。

そうした内々の事情を悟られたくないから財務省キャリアはなにかと理屈をつけて歳入庁ができないように反論を述べる。官僚たちの勝手な理屈によって制度の議論がゆがめられているのだ。

二〇〇九年に民主党（当時）が政権与党となったとき、そのマニフェストには歳入庁のことが記載されていたのだが、この約束が守られることはなかった。これも財務省が猛反対したためだと言われている。

年金保険料を正しく徴収するためには、まず所得の捕捉率を高めることが必要だが昔からクロヨン（サラリーマン、自営業者、農林水産業者、それぞれの所得捕捉率が九割、六割、四割であるとの意）、トーゴーサン（同じく一〇割、五割、三割の意）などと言われてきたようにかなりの取り漏らしがあったものと思われる。

所得税の徴収漏れもあるには違いないが、それよりもさらに捕捉率が低く徴収漏れが大きいと推測されるのが年金保険料だ。

実際にどれほどの徴収漏れがあるのかは、データがないため誰にも分からないが、数百億円どころか数兆円という単位ではないかと私は推測している。

何しろ社会保険庁は過去の年金記録のデータをきちんと管理できていなかったのだから、日本年金機構は過去のデータに照らして徴収漏れを調査することすら難しい状態なのだ。

所得捕捉となればやはり税務署のほうがはるかに力を入れているので、税務署と一体化した「歳入庁」となれば年金保険料の徴収漏れは格段に減ることになるはずだ。

今後マイナンバーに「基礎年金番号」「納税番号」「銀行口座」がリンクすることになれば、日本年金機構においても所得捕捉率は高まっていくだろうが、そうした情報が一体化したなら余計に二つの役所に分かれていることの合理性が薄れることになり、「歳入庁」の必要性が高まってくるだろう。

「歳入庁」ができれば様々なことがより合理的になる。ここでも問題は「歳入庁断固拒否」の構えでいる財務省ということになる。

第四章 人口減少を恐れるべからず

◆人口減＝デフレ、の嘘

少子化と経済成長の相関関係は一切ない。つまり人口が減ったから経済成長が望めないということはあり得ない。

世界各国のデータを見ても少子化と経済成長の因果関係を裏付ける実証データは今のところひとつもない。こういった問題は感覚的に「何となくそう思う」ということではダメで、データで証明するしかないのだが、調べてみても経済成長と少子化の関係性は見出せなかった。

人口一〇〇〇万人のスウェーデンのような国もちゃんと成長しているし、人口が多ければ多いほど経済がすごいというのなら中国が世界一、インドが二位になっていなければならない。

それでも少子化によって問題になることが何かしらあるのではないかと考えてみたが、あるとすれば年金の制度設計に工夫が求められることくらいだろうか。しかしこれも先々のことはデータをもとにすれば予測可能だから準備はさほど難しくはない。

過疎地の自治体などは確かに少子化を重大な問題と捉えているだろうが、過疎で困るのならば単純に集まればいいだけだ。隣町などと合併すれば問題の大半は解決する。

一方、東京などの大都市圏で人口が減って困ることもあまりない。むしろ混雑が減って住みやすくなり、単純に喜んでも良いことではないか。

それでもなお「人口が減ると経済が立ち行かなくなるのでは」と無駄に不安をあおる自称・経済学者がいる。

「人口が減っているからデフレになる」などと主張するのだが、これがウソであることは明らかになった。第二次安倍政権においてデフレは解消しつつあるが、しかし人口減少の流れ自体は変わっていない。つまり人口減少とデフレに相関関係のないことが現在進行形で実証されているわけだ。

人口問題に関連して「移民を受け入れなければ経済成長しない」とする論もある。だが「人口減少によって経済成長しなくなる」という思い込みに立脚した前提そのものが間違っているのだから、そもそも議論になりようがない。

「移民を受け入れるべきか否か」との設問に私なりに答えるとすれば「どちらでもいい」と言うことになる。

移民を受け入れることと経済成長との関係を裏付けるデータがあれば考えるが、その証明が不可能である以上、あとはそれぞれの利害や価値観、もっと言うなら好みの問題でしかない。

移民を安価な労働力として求める業種もあるだろうし、経済に関係なく多文化共生の精神から「受け入れたい」と言う人もいるだろう。それとは逆に「文化習慣の異なる人間と暮らすのは嫌だ」と言う人もいるに違いない。

そうした議論をする上で大事なことは「人口増加と経済成長に相関関係はない」という正しい前提のもとで考えることである。

一方で「もはや日本に経済成長はいらない」などと言う人がいる。

しかしこれはとんでもない話だ。経済成長をしないと失業者が増えるというのは経済法則から証明されていることであり、つまり成長を否定すれば後の世代の人たちの幸福の実現が難しくなってしまう。

経済成長は失業と密接な関係があり、日本の場合は成長率が一％下がると失業率が〇・二％ぐらい上がる。経済が成長すると失業が減り、経済が成長しないと失業が増えるというこの経済法則を『オークンの法則』という。

つまり「経済成長をしなくていい」と言うことは「失業率が増加しても構わない」と言うのと同じことであり、失業者が増えることの弊害として自殺率や犯罪率が高くなり、また生活保護者の数も増えるなど、社会に非常に大きなマイナス効果を及ぼすということである。

以前には朝日新聞も「経済成長不要」の論をぶったことがあったが、ということは朝日新聞はそのような幸福度の低い社会を肯定しているということなのだろうか。

もちろん経済成長さえすれば世の中万事ＯＫというわけではないが、少なくとも経済成長のない社会よりは多くの問題を解決できることは確かである。

経済成長は国民所得を増やすことになり、全体のパイが大きくなれば弱者救済にも手が回るようになる。

それにしても『オークンの法則』はすでに確立された経済理論であり、素人ならばまだしも経済学者を名乗る人間であれば知らないはずがない。それなのにこれを覆すようなことをなぜ言うのか。個人の事情か価値観によるものなのかは分からないが、そうした行為は経済学という学問に対して失礼だし、これから人生を歩んでいこうという若者たちにとっては害悪でしかない。

◆ＡＩなんてただのプログラムだ

ＡＩは人間がつくったプログラムに過ぎない。

もともと数学とコンピュータ科学は密接に関わっている。第二次世界大戦時にコンピュータのモデルとされるチューリングマシンをつくりドイツの暗号エニグマの解読に成功した英国人のアラン・チューリングは数学者であり、彼らのような数学者がコンピュータ科学を発展させてきた。

そんな数学を専門とした私から見ると、世の中で言われるＡＩに関する議論はあまりにもまやかしが多すぎるように感じてしまう。

ＡＩは〝人工知能〟と訳されているが、この訳語が誤解を与えている。〝知能〟という言葉からの連想で機械が〝知恵〟を持っているかのように思ってしまう人が多いのだ。

しかし実際には、ＡＩは〝知恵〟など持ってはいない。人間のつくったプログラム通りに動くだけである。

ＡＩに夢を見ている人には申し訳ないが、これは単なるプログラムのカタマリに過ぎず、人間よりも優れている点は大量かつ高速でデータ処理ができることだけである。

プログラムが分からない人はＡＩの話をするときに誇大妄想ともいうべきＳＦのような話をするが、そういう人は大抵が話を盛っている。

技術的な視点で見ると「ＡＩで起こり得ること」というのはすべて「プログラム化できるかどうか」という点に還元することができる。プログラム化できることはＡＩによって実現し得るし、プログラム化できないことはＡＩを使っても起こり得ない。それだけのことだ。

こういう本当のことを言ってしまうと身も蓋もないので話は盛り上がらない。

「人間がコンピュータに滅ぼされる」とか「コンピュータが勝手に戦争を始める」などと言っ

たほうが話は面白くなるだろうが、実際問題としてＡＩとはプログラムをどう書くかというだけのことに過ぎないのだから仕方ない。

プログラムの中に悪意のある命令を入れておくことはできる。「人を殺せ」という命令を入れておけばターミネーターのような殺人ロボットをつくることも可能だ。しかしそれはターミネーターが意思を持って行動するわけではなく、プログラムを書いた人間の意図に従って動いているだけだ。

プログラムを書く人が良いプログラムを入れておけば人間の役に立つロボットができるし、人類を滅亡させるプログラムを入れればロボットはその指示通りに動く。

機械は神様が勝手に動かすわけではなくプログラムがないと動かない。ＳＦ映画のような話をする人には「どういうプログラムを書くとそういうことが起こるのか」と聞いてみればいい。その問いに答えられなければ現実には起こらないということだ。さらに言えば、危険なことが起こるプログラムを書けるのであればそれが起こらないようにするプログラムも書けるということである。

プログラムの中には進化型のプログラムというものもあり、プログラムにプログラムを書かせることもできる。しかしどこまで書かせるかを決めるのは人間であり、単なるプログラムが人間を超えるというのは少なくとも現在の技術においてはあり得ない話だ。

AIに感情を持たせることは難しいけれども、感情を定義してその定義をプログラム化すれば人間の感情に似せることまではできる。ただしプログラムに書かれた範囲内の感情しか持てないのが実情だ。

世の中にあふれているAIの話はほとんどがまやかしだ。

〝シンギュラリティ〟という言葉を使う人もいるが、これも相当怪しい。技術的特異点と訳されているが、こういう一般の人には聞き慣れない外来語を使って丸め込もうとするのはIT関係の人間の典型的なやり口だ。

聞いたことのない外来語を多用する人や夢のような話を持ち出す人は、文系であろうと理系であろうと信じないほうがいい。こういうよくわからない言葉を持ち出されたときには定義を説明してもらおう。「シンギュラリティって何ですか？　定義を教えてください」と聞けば「技術的特異点」という訳語は言えてもそれが何を意味するのかをきちんと定義することはできないだろう。特異点を超えたときにAIが人間の知能を超えていくというのだが「何がどう人間の知能を超えるのか」と突っ込めばそこで何も言えなくなるはずだ。

言葉の定義もできていないのに「シンギュラリティが起こって大変なことになる」と言うのは「一九九九年に人類が滅びる」と言ったノストラダムスの予言と変わらない。「AIにはこんな恐れがある」というのなら、それが起こらないようにプログラムを組めばいい。懸念があるならばその懸念を潰すプログラムによって解決できる。

それでもAIを恐れるのであれば、電源を切ってしまえばお終いだ。電源を切ればもうプログラムは動かない。

まやかしのAI論に騙されてはいけない。

SFのような話はやめて現実のAIについて考えるべきだ。AIが人間の知能を超えることは当面ないが、人間の仕事の一部を奪うことは十分にあることで、そちらを心配したほうがいい。

コンピュータが人間よりも優れている点は計算能力であり、その能力を生かしやすいのは定型的なルーティン作業だ。チェスや囲碁などルールが決まっていてルーティン的なことを繰り返すものはプログラム化しやすい。場合分けをして何手先まで読むかということになると計算能力の高いコンピュータのほうが体力的な限界のある人間よりも優れているに違いなく、そういう分野においてはＡＩが人間を超えていく。

自動車の運転も基本的には定型作業だからプログラム化できる。地図上のセンサーデータから三次元データを入力してコンピュータに認識させる。人間は運転するときに自分の目で状況を認識するけれども、センサーを増やしてより多くの目で認識させれば人間の目よりも安全性を高められる。だからこういう分野は将来的にＡＩに置き換わる。

その一方で、「解けない」とされている数学の証明問題をＡＩが解くことは当面のところ無理だろう。

証明のためにはその問題を解けるように人間がプログラムする必要があるわけだが、それを書くためには、プログラムする人が前もって正解に導くための正しい方向性を発見する必要がある。正解の道程が分かっているのならばその証明問題はすでに解けているのと同じである。

ＡＩに取って代わられる職業としては弁護士、公認会計士、税理士などの〝士業〟はその可能性が高い。

これらは難しい試験を受けて合格しないことにはなれないために専門業のように思われがちだが、やっている仕事の多くは定型的な業務である。

たとえば弁護士は依頼者から「これは法律的にどうなのか」と聞かれると、法律知識をもとに過去の判例を調べたりして法的な助言をする。過去のすべての判例を調べるとなると時間的にも能力的にもまず人間には無理である。

だがＡＩならばこれは簡単な作業だ。大量の判例データベースの中から似たような判例を探し出してきて分析した上で法的な対応を提示するまでの作業をわずかな時間でやってしまう。

裁判官の仕事もかなりの部分をＡＩ化できる。ほとんどの裁判は過去の判例に基づいてやっているからＡＩでおおよそのことは判断できる。有罪か無罪か、どの程度の量刑にするかはＡＩのほうが恣意や忖度を挟まず公平に結論を出してくれるだろう。ＡＩの結論をそのまま採用するかどうかはともかくとしても、裁判官の業務のうちの多くの部分をＡＩに任せることができよう。

税理士もＡＩ化されていくだろう。昔は税務申告をするとき税理士に頼む人が多かったが今はオンラインのソフトで申告すれば終わってしまう。国税庁自らがつくってくれた国税庁御用達のソフトを使えば税理士はもはや必要ない。

士業の仕事はプログラム化できるぐらいの単純作業が多いにもかかわらず、資格制度にして要件を満たさない人間にはその業務を禁じてきた。参入障壁を高くすることで自分たちの存在価値を高めてきたわけである。しかしその障壁は技術の進歩によって崩れてきた。知的な仕事をしていると思い込んでいる士業の人々は「我々はＡＩでもできるこんな単純作業をしてきたのか」とショックを受けるのではないかと思う。

医者の世界でもＡＩ化は進んでいて画像診断などはすでにＡＩのほうが人間の能力を上回っているとも言われる。手術支援ロボットの技術も進歩している。

最近は大手銀行が人員削減や業務削減を打ち出し始め、新規採用も減らしている。事務作業を減らしてそのぶん営業に人を回すというのだが、それもいずれはＡＩ化されていくだろう。そもそも銀行の融資業務ほどＡＩ化しやすいものもない。昔は「人を見て貸す」などと言われたが、今現在そんな融資をしている銀行員はほとんどいない。

企業に貸す場合には財務諸表や担保などを分析して決めているのだが、必要なデータを入力すれば倒産確率というものを計算できる。その数字をもとに融資するかどうかを決めればいいのだからプログラム化は比較的簡単である。融資担当者の多くは要らなくなるだろう。

個人への貸し付けも同様で、どの会社に何年勤めていて年収がどのくらいかというデータを入力すればデータベースをもとに「このくらいの確率で返済できる、できない」ということが計算できる。


このようにAIを使えば世の中の多くの仕事を代替させることができる。どの職業がそうなるかと考えるときのポイントは、その業務内容がプログラム化できるかどうかだ。

曖昧な仕事はプログラム化できないのでAIに代替させることは難しいが、仕事の中身を定義できるものはプログラム化できる。

公務員の仕事というのは基本的には「法律に基づく業務を執行する」というものであるからプログラム化しやすい。AIのほうが恣意的な要素を入れずに誰に対しても同じ計算をするので人間がやるよりも公平になる。公務員の仕事はAI化に向いている。

許認可の仕事もAIでやるのが一番良い。人間がやるとえこひいきをするつもりはなくとも処理する順番が前後するなどして、それが国民からの疑義を生み「ウチのほうが先に申請したのになんであっちが先に認可されたんだ、何か裏があるんじゃないか」ということになりかねない。

許認可というのは裁量の幅があるように思われるかもしれないが、実際には要件を決めてそれに合致しているかどうかを見ているだけだ。裁量の幅はないというのが現実で、それを人間がやると疑われてしまうのならばいっそのことＡＩに全部やってもらったほうがいい。そうすれば許認可に関わる公務員を大幅に減らせることにもなる。

日銀の仕事ももちろんＡＩ化できる。できないと思っている人は日銀の仕事の中身を分かっていない。日銀の仕事はけっこう簡単に定義できる。「失業率とインフレの関係を一番いい状態にする」。これだけ。つまり失業率が一番低くインフレ率が一番低い状態を目指すということだ。

そうして失業率とインフレ率がどう動くかはほぼ計算できるのだ。

◆財テクでお金は増えません

仮想通貨というのは単なるデータに過ぎないが、データが決算手段になり得るなら意味はある。

しかし現在の仮想通貨はほぼ投機の対象となっていて、価格変動が大きく決済手段には使いにくい。変動が大き過ぎて翌日には大きく上がったり下がったりというのではポイントカードのような疑似マネーとしての決済手段には用を為さない。そのため仮想通貨の社会的な意味は現状ほとんどなくなっている。

ただし仮想通貨に使われているブロックチェーンの技術は別である。仮想通貨＝ブロックチェーンと誤解している人もいるが、ブロックチェーンは仮想通貨の構成要素のひとつであって、仮想通貨以外においても応用できる。

ブロックチェーンというのは取引台帳がたくさんのコンピュータに分散されている仕組みで、多数のコンピュータに分散保存されているためデータがなくなってしまうことがない。

また誰かがデータを偽造しようと思っても他のコンピュータに保存されているデータと整合性がとれなくなるためまず不可能だ。

この台帳を分散させるというブロックチェーンの技術はすばらしいもので、仮想通貨というものが消えたとしてもブロックチェーンの技術は残るだろう。

たとえば分散的に台帳をつくる技術は政府の仕事にはかなり使える。まず土地建物の登記で、現在は登記簿の台帳が集中管理されているがブロックチェーンで分散的に管理すれば、どこかでデータを間違えると他のところでチェックできるからより正確に保存できる。そうなれば登記を担当している法務省法務局はほとんど人が要らなくなる。自治体で戸籍の担当をしている係の人も要らなくなる。

二〇〇七年に年金記録の不備が騒がれたことがあった。人為的なミスなどいろいろな要因で台帳に記録されていないものがあり〝消えた年金記録〟などと呼ばれた。しかしこの年金台帳もブロックチェーンで記録していたならば間違いがあっても即座にチェックできるのでより安全かつ確実な管理ができる。

データ改ざんがあればすぐにバレてしまうから年金記録だけでなく行政機関の記録にもブロックチェーンは有効で、先ごろ話題となった公文書改ざんの防止にもなる。

台帳が分散されることで個人情報が漏れてしまうのではないかと心配する人もいようが、

データは暗号化されていてその分散された台帳を見ても個人情報はわからなくなっている。そこがブロックチェーン技術の優れた点だ。

登記、戸籍、住民票、年金記録など役所には台帳で管理するものが多々あって、これらにブロックチェーン技術を使うことのメリットは計り知れないほど大きい。中央集権的に記録をするよりも分散記録したほうが間違いが少なくコストも安上がりである。

だがすでに投機の対象となっている現状において仮想通貨には手を出すべきではない。いや、それ以前の問題として資産運用と呼ばれるものの一切にも手は出さないほうがよい。資産運用で利益を得ようとするのは甘い考えだ。

定年となってから老後のための資産を増やそうと考える人がいるが、運用などで増やそうと思わないほうがいい。ほぼ間違いなく金融機関のカモにされるだけだろう。退職金として二千万、三千万円をもらったとして、それを余裕資金と考えて運用に手を出すと失敗することが多い。金融機関に退職金の運用について相談すれば喜んでいろいろな商品を紹介してくれるが、向こうは「カモがネギを背負ってきた」と根こそぎ持っていこうとする。そうして恐らくは元金を減らした上にがっぽりと手数料を取られておしまい。資産が二倍、三倍と増えることはまずない。

そもそも働き盛りで脂の乗った六〇歳までに数千万円しか貯められなかった人が、その後の人生で何千万円も増やせると思うほうがおかしい。もっと世の中の実態を知ったほうがいい。退職時点で十分なお金を持っていない人が下手に運用に手を出せば失敗する確率が高い。

投資をするか否かを決める上でのひとつの基準としては、税務署に確定申告をするときに財産債務調書というものを提出しているかどうかで考えると良い。

これを出す必要があるのは株や土地など資産の合計が三億円以上の人たちである。

税務署も全資産が三億円くらいないことには相手にしないというわけで、それ以下のレベルの資産額であったならば資産運用などという言葉は忘れたほうがいい。金融機関にとって資産三億円以下の人たちはまさにカモであり、ならばその口車に乗らないようにしてそのまま銀行預金にしておくべきだ。財テクで儲けようとするよりも、働けるなら定年後も働いて仕事でお金を得るほうが賢明だ。

財テクというのは六〇歳を過ぎて考え始めるような話ではない。四〇歳くらいまでにたっぷり余裕資金をつくった人がその一部を運用するというような話だ。そうすれば定年のころまでに一定額にまで増やせるかもしれない。

銀行の営業マンが投資信託を勧めてきたら「そんなに儲かるならあなたはやっているんですか」と聞いてみたほうがいい。「規則があるからやっていない」と答えるかもしれないがそれは単なる言い訳だ。投資信託というのは手数料の塊であって、購入時手数料無料の投資信託もあるが、その場合は他で費用がかかったりする。そうした手数料を考えたとき、かなりの利回りでなければ投資信託でお金は増えない。名目上の予想利回りが二〇%や三〇%という数字に惑わされてはいけない。

◆生命保険はその半分が手数料

日本では非常に多くの人が生命保険に入っているが、じつはそういう国は珍しい。

公益財団法人・生命保険文化センターによる二〇一六年度の調査によると日本国民全体の生命保険加入率は男性が八〇・六%、女性が八一・三%となっている。

一方、アメリカの個人保険加入率は全体の六〇%程度。生命保険発祥の国イギリスでは四〇%弱に過ぎない。

そうした海外の事情を知らずに「社会人になったら入るもの」「結婚したら入るもの」「子供ができたら入るもの」と思い込んでいる。欧米では保険に入る人はいるが、日本と違って死亡保険は重視されていない。

日本人は生命保険がどのくらいの手数料を取っているか実感的に知らないから勧誘されるままに入ってしまうのだろう。私は保険数理計算が分かるのでどのくらいが手数料になっているかを知っている。計算してみると極端なケースではだいたい払う金額の半分くらいが手数料で、それがセールスレディたちの給料になっている。

納めた保険料の半分も手数料として取られるくらいなら保険料を払わずに自分で貯めて将来に使うほうがお得である。

ネット保険など人件費の少ない良心的なところでも二、三割は手数料だ。掛け捨て保険は一番高いもので半分くらいが手数料。掛け捨て保険と投資信託のハイブリッドのような貯蓄性保険はもう少し下がるがそれでも一〇%くらいは手数料として取られる。これほど手数料のかかる商品に多くの人がなんとなく入っているのだ。有利な資産運用手段であるかのように誤解している人もいるのだろう。

金融庁の人と話をしたときに「なぜ保険会社に掛け捨て保険の手数料を開示させないのか」と言ったら相手は黙ってしまった。あまりに手数料が高いことが知れ渡ったらみんな保険に入らなくなってしまうため、恐ろしくてそんなことはできないのである。

保険のセールスレディに「この保険の手数料は何パーセントですか？」と一度聞いてみるといい。もしかするとセールスレディも知らないのではなかろうか。手数料のパーセンテージすら教えてもらえないのになぜそんな商品を契約できるのかが私には不思議でしょうがない。

保険のことを知ろうとしないから「あなたが死んだら奥さんやお子さんはどうするんですか」などと不安をあおられて入ってしまうのである。生命保険に入っていなくても、誰もが強制的に加入させられる公的な保険があり、運悪く早世した場合でもそこから一定の遺族年金が出る。もう少し保険について勉強してから入るかどうかを決めたほうがいい。

年金についてもよく理解していない人が多いが、数的な原理だけでも知っておいたほうがいい。簡単に言えば「納めた年金保険料」と「受け取る年金額」が同じになるように計算され設計されているのが年金である。八五歳まで生きるとした場合には、二〇歳から六〇歳までの四〇年間に納めた年金保険料の総額と、六五歳から八五歳までの二〇年間で受け取る年金額の合計が同じになるということだ。四〇年間の納付金を二〇年間で受け取るとなれば、納めた期間の半分ぐらいの期間で納めていた分の年金を受け取ることになる。

六五歳までに死んでしまう人はもらえないが、平均寿命まで生きる人は納めた保険料と受け取る年金額がトントンになるように設計されている。

「受給開始を六五歳よりも遅らせると上乗せがある」「何歳から受給するのがお得か」などとも言われるが、そんな甘い言葉に騙されてはいけない。受給開始を七〇歳にすれば受け取る期間が五年短くなるのだから、その分月々の年金額が増えないことには辻褄が合わなくなる。

「六五歳からの受給を七〇歳からにすれば一か月に四二%増える」などと報道されているが、当たり前のことである。男性の平均寿命は八一歳。六五歳からだと一六年間受け取ることになるが七〇歳からだと受給期間は一一年。一六を一一で割れば一・四五だから毎月あたりで四五%ほどアップするのが当然なのだ。得をするわけではなく計算上そうなるというだけのことに過ぎない。

年金というのは計算式で算出される極めてメカニカルな世界である。平均寿命まで生きる人は受給開始を早めようが遅らせようが得もしないし損もしない。損をするのは平均寿命よりも早く亡くなった人で、得をするのは平均以上に長く生きた人。受給開始時期は関係ない。

◆公金は仮想通貨でまかなうべし

近年、ベーシックインカムについての議論が増えている。これは全国民に対して一定のお金を渡すというもので、この制度が良いかどうかは価値観の問題である。焦点になるのは所得ゼロの人に一定金額の補助をすることをどう考えるかだ。

お金を渡した後はそれを何に使うか自由であり、働かなくても一定額がもらえるとなると働くことへのインセンティブは高まらないかもしれない。その場合にお金を出す側の人が嫌になってしまう可能性はある。働けるのに働かない人に対してどの程度の補助をするかは、やはり価値観の問題になってくる。

ベーシックインカムの話をする人には、概念の整理ができておらず定式化できていないケースが多く見られる。しかしお金が絡んだことだけに数理的な観点を入れずに決めると失敗する。

まずどのくらいお金がかかるのか。単純に国民一人あたり年間一〇〇万円とすれば単純計算で一二〇兆円になるが、一定所得以上の人には払わないなどの調整をしたときには一〇〇兆円程度となるだろう。現行の社会保障制度と比べると補助の総額が増えることになるため、その分の財源が必要となる。

専門家と称する多くの人は価値観やイデオロギーだけで議論しているが、数理的な視点のないベーシックインカム議論は時間の無駄だ。

「低所得の人がたくさんお金をもらえるようにせよ」と主張する人はいるが、それならばお金はどこから持ってくるのか。誰も払わないのに多額のベーシックインカムを出せる社会はない。

さらに言えばお金を出す人が納得できるかどうかが重要だ。これまで以上に多くのお金を取られたら不満が出るのは当然である。そして強い不満が渦巻く制度は結局安定しなくなる。

ベーシックインカムを主張する人には左派が多い。そこで彼らに「ベーシックインカムを導入して行政の縦割りをなくせば関係している役所の部署はすべて廃止できる。その浮いた人件費を財源に回せるよ」と言うと彼らは急にトーンダウンする。左派には自治労など政府系の労働組合関係者が多いから、公務員の削減につながることには反対したいようである。

しかしもともとベーシックインカムの発想は行政改革から来ている。国が一律にお金を渡してしまうことで福祉の現場で支払いの事務手続きをしている地方公務員が大きく削減できる。生活保護の受給資格を判断する必要もなくなる。そうやって縦割りでやってきたものをひとつにまとめると、いろいろな部署を廃止することができるのだ。

またベーシックインカムを導入するのであれば仮想通貨を使うことも考えられよう。ブロックチェーンを使えば資金の動きをすべてトレースできて誰が何にお金を使ったかがすべて分かるからだ。

もらう側は嫌がるだろうし、左派系の人はプライバシーの問題を主張するだろう。

しかし政府からの公金をもらうのであればそれもある程度は仕方がない。自分で稼いだお金ならば使途に匿名性があってもいいが、福祉としてもらったお金は使い道をきちんとチェックすべきという意見が出てくるのは当然で、そうでなければお金を取られる人たちの納得を得られず制度そのものが成立しなくなる。

これに限らず国の補助金はすべて仮想通貨でやればいい。投機型ではない銀行などが用意している仮想通貨を使えば、価格変動の影響も少ない。

政党助成金を仮想通貨にすれば政治家は自分勝手にお金を使えなくなりバーに飲みに行ったりエロ本を政策資料として購入したこともすべてバレてしまう。

ODA（政府開発援助）も仮想通貨でやればいい。ODAは間に入る商社がどのくらい中抜きしているのかがよく分からない。それを仮想通貨にすれば不適切な中抜きはできなくなり、相手国での使途もトレースできれば一部権力者が勝手に使うことへの抑止となるし、ODAを透明化させることができる。

◆人口増に必要なのは政策よりも性交だ

人口は出生率（合計特殊出生率）と死亡率で決まるものだが、先進国の出生率はおしなべて低下傾向にある。

ここでいう出生率とは人口統計上の指標で、一人の女性が出産可能とされる一五歳から四九歳までに産む子供の数の平均のことである。

厚生労働省の人口動態統計によると二〇一七年の出生数は前年より三万人余り少ない約九四万人で過去最低を更新。出生率も一・四三と二年連続の低下となった。

人口が減少し続けないためには出生率を最低でも一・八にする必要があると言われている。この一・八という目標は出産を希望する女性全員が出産できたときに達成できる水準だ。

出生率低下の要因としては過去にもいろいろと言われてきた。「昔と比べて食生活などが改善され、医療も発達したことで幼児死亡率が下がり、そのために親が〝老後の保険〟としてたくさんの子供を産む必要がなくなった」「都市化による生活環境の悪化」「家族観の変化」などがその一例だ。

また一九九二年にノーベル経済学賞を受賞したアメリカの経済学者ゲーリー・ベッカー氏はミクロ経済学に基づいた出生行動を分析している。それによると、子供は親に心理的な満足感を与える耐久消費財と見なされ、親の消費水準とのバランスで合理的に子供の数と質が選択されるという。

しかしながら複雑で一概には言えない面も多くまだ正確には解明できていない。

それでも日本で人口減少が避けられないという前提で見ておけば、将来の人口を予測した上で、それに備えたさまざまな制度設計ができる。本当の危機は「想定外」の事態であるが、いまのところ人口問題は政府の出生率予測の「想定内」にとどまっている。

そうであれば巷間で言われるような問題点のほとんどは「特に問題ない」の一言で片付いてしまう。

たとえば女性の半数が五〇歳を超えるとか、全国民の三人に一人が六五歳以上になり高齢者人口がピークになったとしても特に問題はない。

三戸に一戸が空き家になったらそれを潰すか他に利用すればいい。実際にもすでに空き家活用のビジネスは生まれている。火葬場が不足するとの危惧もあるようだが、そうなったときにニーズがあるならばそれは新たなビジネスチャンスになる。

「過疎が進む地方の自治体が消滅してしまう」と言うが、それも合併することで多くの問題は解決できる。そもそも人口増加時代であっても「行政の効率化」というメリットから自治体の数は減少してきたのだ。具体的な数で見ると、明治時代には七万以上あった市町村が、昭和初期には約一万、高度成長期には三〇〇〇強、二〇一八年末では一七四一となっている。一方人口は明治末期で推計五〇〇〇万人程度、二〇一八年九月の確定値では概算一億二六三三万人だ。このことからも人口減少によって地方自治体が消滅するという相関関係が必ずしも成立しないということが分かる。複数の自治体がひとつにまとまればその分役人が減り、その分の人件費を他の用途に回せることにもなる。

「とある過疎地の町で人口が増加している」「このような取り組みで出生率が二・〇%にまで上がった」「よってこれを参考にすべし」というような話がテレビや雑誌新聞で取り上げられることがままある。

それを「人口増加の特効薬」のように言うのだが、その「奇跡」の秘密をよく見てみると何のことはない。一世帯あたりの出生率に応じて第一子が生まれたら一〇万円、第三子なら二〇万円という子育て支援があったり保育料の軽減制度があったり、不妊治療や出産・保育において各種助成金が手厚いというような話に行き着くことがほとんどなのだ。

だが自治体によって予算も制度もまちまちなのだから、こうした例が必ずしも当てはまるわけではない。「これらの施策が東京でも有効か」と問われたならば「有効かどうかなんて試しようがないし、結果が分かるわけがない」としか答えようがない。

財政状況、人口数、地場産業、郷土文化などその土地特有の事情があってのことであり、大都市で同じような取り組みをしたところで同等の効果が得られるとは限らない。この手の話はほとんどまやかしである。

二〇一七年の都道府県別の出生率を見ると最高の沖縄県が一・九四、最低の東京都は一・二一であるが、たとえばこの差を埋めるために「東京を沖縄と同じ出生率にする」という政策を立てたとしよう。だが、そもそも東京と沖縄では働く女性の割合からして大きく異なる。出生率が上がればその分だけ子育てに割く人手が必要になるから東京でも専業主婦になる女性がかなりの割合で増えるだろう。そうなると政府が掲げる「女性活躍社会」の政策に水を差すことにもなりかねない。

はっきりと言ってしまえば、政府が出生率を増やす政策を考えているといってもしょせんは掛け声だけだ。「人口増加のストーリーを地方公共団体の関係者に示しておけば彼らはきっと満足するだろう」というのが政府の本音ではないかとすら思っている。

なぜならば出生率が上がらず人口増加政策が失敗したとしても政権にとってはなんらダメージがない、すなわち「人口減少はさほど大きな問題ではない」と政府自体が考えているからだ。

◆子育てに関わるコスト

金銭面だけの話でいえば子育てのコストはすごく高いものである。

文部科学省による平成二八年度の「子どもの学習費調査」を見てみると、一年間の学習費総額（学校教育費、学校給食費、学校外活動費の合計）の平均は幼稚園なら公立は二三万三九四七円、私立は約四八万二三九二円。小学校は公立が約三二万二三一〇円、私立は一五二万八二三七円。中学校は公立が約四七万八五五四円、私立は一三二万六九三三円。全日制高等学校は公立が四五万八六二円、私立は一〇四万一六八円であった。

前回、平成二六年度の調査から公立幼稚園および公立と私立の高校では増加。私立幼稚園は減少している。その他は前回からほぼ横ばいだった。

これに照らせば幼稚園の三歳から高校三年までの一五年間、すべて私立に通った場合の学習費総額は一七七〇万円になる。すべて公立に通った場合は約五四〇万円で、その差は三倍以上にもなる。

これに大学を加えるとどうなるか。日本政策金融公庫が発表している二〇一七年度の教育費負担の実態調査（インターネットによるアンケート調査で有効回答数四七〇〇人）をもとに見てみよう。

入学金、寄付金、受験料及び受験のための交通費、併願校への納付金などの「入学費用」は平均八五・二万円で、そのうち国公立は六九・二万円、私立文系は九二・九万円、私立理系は八七万円となっている。また授業料、通学費、教材費、塾や習い事などの「在学費用」は全体の一年間平均が一五三万円で、国公立が一〇八・五万円、私立文系が一六一・三万円、私立理系が一八〇・二万円。四年分だと国公立は四三四万円、私立文系は六四五・二万円、私立理系が七二〇・八万円となる。

なお在学費用が世帯年収に占める割合は二〇一七年度で平均一五・五％にも上る。世帯年収が上がるほど平均負担割合は低くなり、下がるほど割合は高くなる傾向にある。世帯年収が六〇〇万円以上八〇〇万円未満が一七・二%で、二〇〇〇万円以上四〇〇〇万円未満だと三五・一%にもなる。

大学進学で必要なのはこれらだけではない。自宅を離れて自宅外通学を始める場合は賃貸住宅の敷金礼金や家財道具の費用もかかってくる。これらの下宿開始費用が入学者一人あたり平均三七・五万円。さらに仕送りも発生して、これが年間九三万円、四年間で三七二万円かかるという。こうした費用捻出のために七割以上の世帯では教育費以外の旅行やレジャー、外食費などを削って節約したり、預貯金や保険を取り崩したり、学生自体もアルバイトをしていたりする。

そんなこんなと合算していくと、幼稚園から高校まですべて私立で大学も私立理系なら約二九八七万円、国公立を進む一番安いコースでも約一四五二万円となる。

さらに子育てにおいてかかるのは教育費だけではない。これとは別に食費や医療費、交際費など子供が経済的に自立するまでの養育費も必要だ。これについては内閣府や保険会社などの調査があり、総合すると一年あたり八〇万円~一〇〇万円。大学に入学するまでの〇歳から一八歳、一八年間ではおおよそ一五〇〇万~二〇〇〇万ほどが必要になると見られている。

つまり子供ひとりを大学卒業まで育てるには、最低でも三〇〇〇万円弱。選択するコース次第では五〇〇〇万円近くかかることになる。経済的合理性だけでいえば「子供は不要」と考える人がいても不思議はない。

しかし、この膨大な費用を常に念頭に置いて子供をコストとみなしながら子供を産むという親もいないだろう。出産とは男女の営みの結果である。性交渉の頻度が上がれば、体質などの特別な事情を除けば出産につながる確率が高まる。それとは逆に、愛情が薄れればいくら金銭的補助が受けられるようになったとしても性交渉自体が嫌なのだから、セックスレスとなり当然ながら子供も産まれてこない。

だからいくら子育てにお金がかかるとはいえ、子育て支援やコストなどの金銭面から少子化対策を講じるのは、その大半が的を外した頓珍漢な議論となってしまう。

日本政府は「働き方改革」「子育て安心プラン」などの政策で出生率低下に歯止めをかけようとしていると報じられている。しかしそれは「人口減少を不安視している国民の要望に応える」という政治的な意味があっての取り組みに過ぎない。人口増加が日本経済に有効だと信じて本気で政策をつくっているとは私には思えない。

出生率とはとどのつまり、男女がどれだけ性行為をして妊娠出産するかという話に尽きる。これを政府がコントロールするなどは個人のプライバシーにも関わる問題であり、土台無理な話なのだ。

もし人口をコントロールできる方法があるとすれば中国の「一人っ子政策」のような抑止策くらいしかあるまい。

日本における人口コントロール政策としては、第二次世界大戦中の「産めよ、殖やせよ」が想起される。これは一九四一年に閣議決定された人口政策確立要綱に基づくスローガンである。

昭和に入って出生率が減少傾向となり、戦争によって生産人口はさらに不足、植民地の殖産のためにも人口増加が不可欠だと考えられ、「お上」から出産を押し付けていた。

しかしこれは戦前の軍国主義の下だから打ち出せたのであって、民主主義の現代に同じことができるわけがない。安倍政権がそんなスローガンを打ち出せば〝モリカケ〟以上の非難を浴びることにもなりかねない。

もちろん産まれてきた子供たちには政府も一定の支援政策をとっている。しかし乳幼児手当が増えたからといって、それで性行為の回数が増えるのだろうか。

要するに子供を産ませる政策と産まれた後の子育て政策はまったくの別物なのである。それでも真面目に考察を加えてみるならば、日本で出生率を増やすのに最も効果的なのは人工妊娠中絶の禁止・抑制ではないか。

厚労省が二〇一七年一〇月に発表した調査報告によれば人工妊娠中絶した女性の人数は約一七万人であった。二〇一二年の約二〇万人に比べれば減少傾向ではあるが、それでも一〇万人以上の新しい生命が、それぞれ事情があってのことには違いなかろうが光を見ることなく失われている。

また中絶可能時期（妊娠二一週六日）が過ぎて望まれないまま出産となることもある。産まれてきたとしてもそのまま遺棄されてしまう、そんな悲しい事件も後を絶たない。そんな不幸な運命の新生児たちを母親から強制的に取り上げて専用施設で育てることは可能かもしれず、そこまで強制的であれば多少は現状よりも人口が増えるだろう。とはいえこうしたことは個人の尊厳に関わることであり、人権保護の精神にも反した話であって、今の日本でそうした政策をとることはできない。もちろん私自身も頭の体操として人工妊娠中絶禁止を取り上げはしたが、本気でそう考えているわけではない。

人工妊娠中絶の禁止以外で政策的に子供を増やすとすれば、婚姻届けを出していない男女の間に産まれた子供「婚外子」を社会的に認める制度をもっと整備するという方法はあるだろう。日本では愛人との不倫の代償などといったネガティブなイメージが強いかもしれないが、その実態はさまざまだ。

子供は欲しいが結婚は嫌だというシングルマザーもいれば、日本では国際婚以外の夫婦別姓が認められていないことからあえて別姓を保つために婚姻届けを出さない事実婚で子供を産むケースもある。

実際問題として日本においては、そうした婚外子の出産数に占める割合が諸外国に比べて圧倒的に少ない。それを裏付けるのが経済協力開発機構（ＯＥＣＤ）の「Familly Database」だ。これによると二〇一四年時点で婚外子の割合が二～三％と低いのは韓国一・九％、日本二・三％、トルコ二・八％など。それとは対照的に三分の二以上が婚外子というのがチリやコスタリカやアイスランド。他にもフランスやノルウェー、スウェーデン、メキシコ、ブルガリアなど子供の五〇%以上が婚外子という国はいくつもある。スウェーデンの「サムボ法」やフランスの連帯市民協約(パックス)など事実婚を保護する制度が整備されている国もある。

一方、日本においては嫡出子(婚姻関係にある男女から産まれた子)と非嫡出子(婚外子)の間に法定相続分の規定などで差別が存在していた。最高裁判所がこれを違憲としたことで二〇一三年には民法が改正されたが、それでも日本ではまだ婚外子に対する偏見は完全には拭えていない。

〝できちゃった婚〟という表現があることからも子供ができれば結婚するのが当たり前と考える人は多い。

世界でもかつては婚外子に対する偏見はあったが、近年ではイギリス、ベルギー、ドイツなど法律上から嫡出・非嫡出の概念を撤廃した国もある。

教育社会学者の舞田敏彦氏の調査によると、各国の婚外子の割合と出生率には相関関係が認められるという。婚外子の割合が高い国ほど出生率が高い傾向にあるといえそうだ。

こうした婚外子の制度ならすぐにでも着手できそうだが、政府内ではそこまでの議論はなされていないようだ。

◆移民の受け入れ

「人口減少時代だから移民（あるいは難民）を受け入れて労働力を補完すべし」との議論もあるが、これにも私は懐疑的だ。

世界を見ても移民を受け入れる傾向の強かった欧米においても最近はその政策を見直す動きが出てきている。最も移民受け入れに積極的だった国のひとつスウェーデンでは二〇一七年には人口約一〇〇〇万人のうち移民の比率が約二四％にまで達したというが、現在の移民政策は費用がかかる上に高い失業率を招いているとの批判の声も高まり始め、二〇一八年九月に行われた議会選挙では移民排斥や反イスラムを掲げる極右の「スウェーデン民主党」が得票率三位と躍進した。

イギリスでもビザの有効期限が切れた移民を厳しく取り締まる政策に転換している。これまで欧州の中では比較的厳しい移民政策をとってきたスイスも、二〇一四年の国民投票によって、さらに移民受け入れを制限する提案が承認されている。年間二〇万から二五万人の移民を受け入れてきて、中国人富裕層の移住も多いカナダだが、こちらも移民基準を厳格化する方針を打ち出している。

アメリカもトランプ大統領がその選挙活動中から「メキシコ国境に壁をつくる」とぶち上げ、就任後すぐにイスラム圏からの入国を厳格化しているのはご存じの通りだ。

そうしたトランプ大統領に対して日本のマスコミは「移民を送り返せという差別主義者だ」と批判めいた論調でいるが、しかしよくよく聞くとトランプ大統領は、許可もないまま密入国したり、犯罪行為に及んでいる不法移民に対してそうしたことを言っているだけである。これは合法的な移民に対しては居住権を与える余地があることを示唆しているとも受け取れる。

そういう日本の移民受け入れ数は先進国でも下位でありこれまでは基本的に移民を受け入れないスタンスだった。それでなぜ日本のマスコミがトランプ大統領を悪者にできるのか、理解できないし恥ずかしい。

ではなぜ日本は世界の潮流に逆行する形で移民受け入れの議論が持ち上がってきたのか。

二〇一四年三月、少子高齢化で減少する労働力人口の穴埋めとして政府が移民の大量受け入れの本格的な検討に入ったと報じられた。その背景には経済財政諮問会議の下に設置された

「選択する未来」委員会の人口減少に関する議論の中で一部有識者から外国人労働力活用の拡大が提起されたことがあった。

その当時には、毎年二〇万人の外国人労働者を受け入れて出生率が人口を維持できる二・〇七まで回復すれば今後一〇〇年間は人口の大幅減少を避けられるという内閣府の試算があったのだ。

人口の変化と経済を結びつける考え方は古くからあって、有名なものではアメリカの株価アナリストであるハリー・デントの『支出の波』がある。これは簡単に説明しておくと、個人支出のピークが四五歳ぐらいなので四〇代半ばの人口の変化と景気との間に相関関係があるという理論で、人口動態だけで複雑な経済現象が説明できるとして経済学を知らない層からはウケが良かった。

しかしこれは需要面の一部しか見ていないため、伝統的な経済学者はこれには懐疑的だ。個別の問題においては人口動態が重要なカギとなるケースもあるが、そうした特定分野を除いたマクロ経済でそれは重要な要素ではない。

「人口減少がデフレにつながる」というのがまやかしだということは別項でも指摘した通り

で、経済学的にデフレは通貨量で決まるものである。現在も人口減少傾向にありながら、日銀の金融緩和でデフレ状態を脱しつつあるのがその証拠だ。

それでも政府が人口目標をあえて掲げるのは、人口が急減することによる社会保障制度などでのデメリットに対する予防措置のようなものだ。

とはいえ先にも触れたように出生率は男女の性交回数次第で決まるものであって、何か政策によって急に増えるものではない。それでいて政府が正式に「総人口一億人」という目標を設定するならば、これを達成するためにはやはり移民受け入れを本格的に検討せざるを得なくなる。

だが現在の安倍政権が本気で移民受け入れの方向に動いているのかというと、そこは疑わしい。

最近になって政府はこれまでの二〇万人労働移民を増やすとの方針をかさ上げして、二〇二五年までに五〇万人以上受け入れる方針を表明した。しかしそれは産業界の要請に歩調を合わせているに過ぎない。五〇万人も一気に増えれば必ず社会問題は起こるので、それに対応するためにも出入国管理法を再整備して移民法を制定する流れになっていくだろう。

政府は二〇一九年四月から、法務省の入国管理局を外局の庁に格上げする方針で、これに伴う移民法の改正もあり移民容認派は「どんどん移民を受け入れることになる」と考えているかもしれないが、じつは政権としては移民管理を徹底することによって移民を水際ではじくことを考えているのではないか。なぜなら移民を受け入れれば必ず社会問題が起きるからだ。

入国管理局から入国管理庁になれば、予算も人員も増える。そうした組織改革をマスコミ報道では外国人労働者受け入れのためと説明するが、話は逆であろう。正しくは受け入れを厳格に審査するための組織変革であり、これまであまりにも裁量的であった出入国審査を法規制によって厳格化・透明化を図ろうとするものである。入国管理庁への格上げ組織改革は、入管業務の司令塔として正しくルールを適用することを求めるものであって、外国人労働者を受け入れやすくするためのものではない。

そもそもこれまでの日本の出入国管理法には問題があった。世界のスタンダードとはまったく違うのだ。たとえば法務省は二〇一三年三月以降、留学生や技能実習生として入国した外国人が難民申請をした場合、申請から六カ月後には就労を認めていた。これは通称〝難民ビザ〟と呼ばれ、二〇一〇年に一二〇二人だった難民申請が二〇一七年には一万九六二九人まで激増してしまった。

また日本では難民認定されていない偽装難民が多いとも言われるが、これも法律で何もきちんと決めていないためだ。審査が行われている間はずっと日本に居られるという部分はあまりにも緩い。

ただし法務省もただ手をこまねいていたわけではなく、二〇一八年一月からは審査の手順を変えて、審査を待つ間の就労を制限した。そのため同年一〜六月の難民申請が八年ぶりに減少へ転じた。なおこの時期に難民認定されたのは二二人だった。

日本でも今後、専門性や技術を持つ外国人労働者の受け入れ拡大は進むだろう。建築・土木業界は東日本大震災以降、人手不足が生じており、外国人労働者の受け入れが既成事実化している。

それでも人口減少を補う目的で移民を受け入れるとなると、雇用への影響のみならず文化摩擦や治安悪化の懸念が拭えない。

だいたいにして移民を単純労働としてしか捉えていない時点で外国人に対して失礼な話である。技能実習生というのもいい加減極まりない制度で、これも言ってしまえば外国人を安く使うためという理由に他ならない。

日本は諸外国に比べると、外国人による社会問題は各段に少なく、そのため「外国人を受け入れないのは人権侵害だ」などとリベラルな人たちは言うが、そんな話に乗ってはいけない。現状で移民の多い国は押し並べて外国人流入の問題で困っている。

外国人労働者を受け入れないことには成り立たない国もあるにはあるが、日本はそうした状況にはない。移民が経済成長の源だというのは移民で成立している国ならそうかもしれないが少なくとも日本はそうではない。移民政策で単に人口を増やしたところで経済成長や社会保障制度を支える財源に寄与するかどうかは不透明だ。もし移民増加がこれらに寄与するデータがあれば歓迎しないわけではないが、他国を見ても社会的にマイナスのほうが大きくなっているところは多く、そうしたリスクを冒す必要性は感じられない。

外国人が増え過ぎれば日本人の雇用を圧迫することにもなるし、安い賃金で働くから日本人の賃金水準も下がっていく。働き場所がなくなった外国人の生活保護受給世帯が増えることへの懸念もつきまとう。

たとえば自動車メーカーの工場などがあり労働力としての外国人を受け入れてきた群馬県大泉町では二〇一八年六月時点の人口四万一八一八人のうち外国人は約一八%にあたる七五六三

人（そのうちブラジル人が四一四五人）。日本の中でも外国人比率の高い自治体であるが、ここでは外国人の生活保護受給の割合が二〇一八年三月時点で約二三％にもなっている。また住民税の滞納などにより自治体の財政が圧迫されるという問題も生じている。

安価な労働力を手にしたい経済界と、それをスポンサーとしている御用聞きのマスコミ報道は「外国人労働者受け入れ大歓迎」を打ち出すが、よく注意して見ていかなければならない。

現状では人手が足りないという業種にしても今後はＡＩ化が進むことになる。そうなれば人手不足が補われるとともに一人あたりの生産性も向上していくことになるだろう。労働力という観点からは、最終的に外国人移民に頼る必要はなくなってくるはずだ。

こうしたことは民族主義で言っているわけではない。確かに私は「人類皆兄弟」みたいなお花畑の左派ではないが、かといってガチガチの保守主義者でもない。「よりメリットがあるのはどの選択か」という観点から社会コストを合理的に考えた上の論であることは、改めて強調しておきたい。

第五章

国債

◆国債を知れば日本の財政が分かる

多くの人が「国債」というものを誤解している。だが国債の真の姿を理解することなしに一国の経済を理解することなどできない。

「国債とは何か」と聞かれたときに、大半の人は「国の借金」「政府の借金」などと答えるのではないか。

確かに間違ってはいない。ただ問題は「借金」という言葉の意味の捉え方にある。「借金はダメなもの」「だから国債もダメ」という考え方が染み付いてしまっているのだ。

個人の借金であればそれはないほうがいい。なるべく早く返すべきである。しかし政府の借金はそうではない。むしろ「あったほうがいい」といえるものなのだ。

「政府の借金」を「企業の借金」と置き換えてみると分かりやすい。

たいていの企業は自己資金だけではやっていけないからお金を借りる。だが「融資を受けない企業のほうが優良だ」と考える人も相当数いて、そのためメディアは「無借金経営」を自称する企業をもてはやしたりもする。

だが借金＝悪と言うならば、日本の会社のほとんどが「悪徳企業」になってしまう。そう考える人は企業活動の何たるかをまったく理解していない。

自己資金だけでは大規模な設備投資もできないし、商売を広げるためにも銀行からお金を借りる。起業してからずっと借り続けるのはいたって普通のことだ。

そしていろんな企業が銀行からお金を借りて商売を広げるほど取引が多くなる。つまりお金のやりとりが増えて経済が活性化する。逆にすべての企業がいっさい借金をしなくなればただただ経済が縮小していくだけだ。それで良いはずがなかろう。

国債もそれと同じこと。企業が融資を受けて経営をするように、政府は国債を発行して国家運営をする。それだけの話なのだ。個人の借金と政府の借金を混同して「悪」と考えればその時点で本質を大きく見誤ることになる。

ではどんなときに政府は国債を発行するのか。それは一年の予算が決まったときである。「平成○○年度予算成立、赤字国債××兆円」という文言をニュースで見聞きしたこともあるだろう。

政府の財源として入ってくるものには法人税や所得税、消費税などなど国民の納める税金があるが、税収だけで予算に足りないことは多々ある。個人であれば「手元にあるお金でやりくりしなければ」となるが、政府はそうはいかない。国会の予算委員会で予算が成立し、税収では必要な額に足りなそうな分を国債発行で補うことになる。

ここでもし「国債を発行しない」となれば、そのときには「予算を減らす」か「税収を増やす」かということになる。

予算を減らせば政府の使うお金が減る。そうすると世の中に出回るお金が減り、その結果不景気となる。いわゆる「緊縮財政」だ。

また税収を増やすのならばそのときには増税となる。つまり「国債は借金だからダメ」と言うのは「不景気になってもいい」もしくは「増税も構わない」と言うのと同じなのだ。

では政府が発行した国債はどこへ行くのか――つまり政府はどこから借金するのか。これは基本的に銀行や信用金庫、証券会社など民間の金融機関である。政府は国債を民間の金融機関に売り、その代金が政府予算に使われる。仮に予算成立時点で五〇兆円足りなかったならば、財務省が一年をかけて、毎週国債を発行しながら調達していくことになる。

このとき財務省と民間金融機関の間において、国債は常に「入札」によって売買される。財務省が「こういう国債をこれだけの額、発行します」と通達して、これに民間金融機関が「いくらでこれだけ買います」と入札するのだ。

ただし国債の入札の場合、市場のセリやネットオークションのようにここで値段が上がっていくことはない。入札は一度だけでその入札額で買えるか否かが決定する。国債の基本単位一〇〇円に対して「一〇〇円一銭」や「一〇〇円五銭」というような非常に小幅の入札競争となる。入札が出揃ったら財務省の担当者が入札額の高い順に売り先を決めていって、発行枠が埋まったところで打ち切りとなる。

もしかすると「政府が民間金融機関に国債を押し付けている」というようなイメージを抱いている人がいるかもしれないが、それはまったくの誤解だ。話は逆で、民間金融機関にとって国債は「持っておきたい債券」である。今のような低金利では「利ざやで儲ける」というほどの大きな額にはならないが、それでもわずかとはいえ利子収入を生む資産には違いなく、しかも政府が元本保証する超安全資産なのだ。

日本銀行が政府から国債を買うケースもある。いわゆる「日銀引き受け」で、毎年限定的ではあるが行われている。

しかしそれ以上に国債に関する日銀の役割として大きいのが、民間金融機関が持っている国債を時価で買うことである。民間金融機関が政府から買って保有している国債と日銀が新たに刷ったお金を引き換える。この売買が「買いオペレーション」「量的緩和」と呼ばれるものだ。お金を刷って増やせば世の中により多く出回ることになり、それが景気回復の糸口となる。

もう少し詳述すると、日銀が民間金融機関から国債を買うと、その代金は民間金融機関が日銀に持っている「日銀当座預金」に振り込まれる。日銀当座預金に置いたままでは「ただのお金」だ。これを「利子を生むお金」に変えるために企業などへ積極的に貸そうとする。民間金融機関の「貸したい」お金が増えれば金利は下がり、より低金利でお金を借りられるとなれば企業側も積極的に借りようとする。その結果として世の中に出回るお金が増えることになる。

物価はモノの量とお金の量のバランスで決まるから、モノよりもお金が多く出回るようになると相対的にモノの価値が高くなるわけで、そうするとインフレになる。

これこそがまさしく第二次安倍政権の掲げた「アベノミクス三本の矢」の最初の矢である。それまで長年続いてきたデフレや不景気を解消するために、市場に出回るお金を増やしてちょうど良いくらいのインフレを起こそうとしたというわけだ。

借金である以上、国債には当然利子がつく。政府は国債を買った民間金融機関に一定の金利で利払いする。日銀が民間金融機関から国債を買うと、貸し手が変わったことにより利子は政府から日銀に払われることになる。

そこでポイントとなるのが日銀は政府の「子会社」的な存在であるということ。日銀は新たに通貨を発行して民間金融機関から国債を買うわけだが、この通貨を発行することによって得る「通貨発行益」は丸々国に納めることになっている。これを「国庫納付金」といい、国債の利子収入はまさにこれにあたる。つまり日銀が得る国債の利子収入は最終的に政府の税外収入となる。

◆国債の位置づけ

国債には「金融市場における商品」という一面もある。

金融市場では国債以外にも株や社債などの金融商品が取引されているが、基本的には「国債と何か」という形で行われる。国債と株、国債と社債を交換するという取引が基本なのだ。「自分の持っているA社の株をB社の社債と交換したい」と言っても先方から「そんな株は要らない」と拒否されれば取引は成り立たない。そこでA社の株をまず国債と交換して、その国債をB社の社債と交換する。つまり国債は金融市場において、日常的な買い物で使われる「お金」と同じ役割を果たしているわけで、もし国債がなくなったら社債や株の取引は激減する。

政府の元本保証付きで固定金利の国債は、金融市場においてすぐに他の商品と交換できる非常に使い勝手の良い金融商品なのだ。

「お金と同じ役割ならお金を持っていればいい」と思うかもしれないが、お金はお金として持っている限り、利子を生むことはない。しかし国債は国の借金であり利子が付く。金融市場とは利払いのやりとりを通じて経済を動かしているといえる。その中で利子を生まないお金を持っていてもやっていけない。わずかの利払いでも得ていかないと商売を続けられないというシビアな世界なのだ。

国債はこのように金融市場を根っこで支えていて、これがなくなったら金融機関は商売ができない。ひいては現在の我々が生きている金融資本主義社会の発展も望めなくなってしまう。

アメリカのニューヨーク市場やイギリスのロンドン市場など、金融資本主義が発展した他国の金融市場でも国債を介した取引が一番多い。国債の発行額は国によって異なるが、国債がなくては金融市場が成り立たないという点では変わらない。

先進国の中で唯一例外的に国債発行の少ないのがドイツだ。第一次世界大戦後のドイツでは生産性がガタ落ちになった。そうしてモノが減れば相対的にお金がだぶつくことになる。物価はモノとお金のバランスで決まるから当時ドイツではハイパーインフレが起こったのだ。そのときのトラウマが根強くあるためドイツはインフレを起こすような政策には消極的で、国債発行はお金を世の中に出回らせインフレを誘導するものであるだけにドイツはそれをやりたがらない。それもあってフランクフルト市場は、東京証券取引所やニューヨーク市場、ロンドン市場に比べると小規模である。

日本の国債発行残高はだいたい税収の一五年分くらいになる。

これを個人になぞらえて「年収三〇〇万なのに借金が四五〇〇万円ある。大変なことだ」と考えるのは誤りだ。

個人や企業が返済能力以上にお金を借りようとしても金融機関は貸してくれない。国債もそれと同様で、政府に信頼がなければ民間金融機関は国債を買わない。しかし今のところはそんな事態にはなっていない。「国債が発行されすぎている」と民間金融機関が判断すれば国債は買われなくなり、そうなれば国債を売るため買い手に有利になるように金利はどんどん上がる。しかし民間金融機関は低金利にもおおむね納得して国債を買っている。

つまり「国債発行残高がGDPの二〇〇%」といってもまったく大変なことではないのだ。

国債の金利が低いまま取引されているということは、言い換えれば民間金融機関が国債をまだまだ欲しがっているということ。金利が上昇していないという現状を見れば現時点の国債発行残高には何ら問題がないということがすぐに分かるのだ。

借金とは必ず誰かの資産になる。国債は政府の借金だが、貸している民間金融機関にとっては「資産」である。今は低金利で利子収入はわずかとはいえ資産であることには違いない。

しかも金融市場になくてはならない取引材料でもある。だから金融機関は国債を買い続ける。「発行されすぎ」などというロジックはまったく成り立たないのである。

「国債は将来に多大な負担をかける」という声がある一方で「政府は国債の借金を返さなくていい。だからどれだけ発行しても問題ない」と主張する人もいる。

正反対の言い分だが、これはどちらも間違いだ。

どこの世にも「借金を返さなくていい」などという道理は存在しない。

「日銀の買い取った国債に関しては政府に支払い義務がない」などと言う人間もいるようだ。日銀は政府の子会社だからということなのだろう。

しかし借りた相手が誰であろうとすべての借金には返済義務がある。最初に定めた通りの利子も支払わなければならない。民間金融機関が買った国債だろうと日銀が買った国債だろうと政府に返済（償還）と利払いの義務があることには変わりない。

それなのに「政府に返済義務がない」と言うのは、おそらく先にも触れた日銀の国庫納付金のことを言っているのだろう。

日銀は民間金融機関から国債を買い、その代金としてお金（日本銀行券）を刷る。

日銀の手に移った国債に、政府から利子が支払われる。

政府からの利子は通貨発行益として丸々国庫納付金として政府に納められる。

つまり政府が日銀に払った国債の利子は最終的に国に戻ってくるわけだが、これを「支払い義務がない」と言ってしまっては話の本質がまったく違ってくる。

これを正確に言い直すと「政府から日銀へは国債の利子が支払われるが、それは納付金として戻ってくるから財政上の負担にはならない」となる。

日銀への国債の利払いは確かに最終的にはプラスマイナスゼロになるが、それは「支払い義務がないから」ではない。「払ったものが戻ってくるから」なのだ。

元本償還についてももちろん政府にその義務がある。ただし政府は償還のために新たに国債を発行しているため、それが「借金チャラ」に見えるのかもしれないが、それは根本的に間違っている。

これも正確に言い直すと「政府には国債の償還義務があるが、そのために新規国債を発行しているので財政上の負担にはならない」となる。「政府に支払い義務がない」のではなく「支払い義務はあるが財政負担にならない」。この違いが分からないようではいけない。

もし本当に政府が「借金はしますが一切返しません。利子も払いません」ということであれば、誰も日本の国債を買わなくなる。市場では日本国債が余りまくって、需要と供給の関係から日本の国債は大暴落するだろう。

そうして誰からもお金を借りられなくなった日本はたちまち債務不履行（デフォルト）になってしまう。「政府に支払い義務はない」と言う人はそれほどのことを言っていると自覚してもらいたい。

「赤字国債○○兆円分追加発行」という文言をテレビや新聞で見る機会も多いだろう。そこでいう「赤字国債」とは何なのか。

もともと財政法では「公債または借入金以外の歳入をもって歳出の財源とする」と定められている。借金をせずに、税収などの歳入だけで予算をまかないなさいという意味だ。

しかしさすがに歳入だけでは財政運営ができないために、借入については「建設国債」の発行が認められてきた。

読んで字のごとく、インフラ整備や建設などに関する予算については借金＝国債発行をしてもいいというわけだ。これを「建設国債の原則」という。

しかしこれでも財政運営が厳しくなったため、さらに各年度に特例公債法を適用して例外的に「特例国債」の発行も認められるようになった。これがいわゆる「赤字国債」である。

「特例」というと「平時ではあり得ない特殊なもの」という印象を持つかもしれない。それをさらに「赤字」とまで言い換えられたら、ますます「本当はあってはならないもの」という悪いイメージがついてしまう。

実際、「赤字国債」と聞いて「また借金がかさみ財政は厳しくなる一方だ」と感じる人も多いのではないか。

しかし建設国債も赤字国債（特例国債）も、その年の予算のうち税収でまかなえない分を補うために発行されるという点においてなんら違いはない。

政府は予算を出して、足りない額の国債を発行する。そのうち建設国債発行対象経費分を建設国債と呼び、残りが赤字国債と呼ばれるだけだ。

お金に色はついていない。建設国債も赤字国債も同じ国債で、これを発行して得た資金が必要な用途に回されるだけなのだ。

むろん金融市場の現場でも建設国債と赤字国債は同じものとして扱われ、区別などはない。もし個人向け国債を買ったとして「これは建設ですか？　赤字ですか？」と尋ねたらちょっとおかしな客と思われかねない。

区分しているのは政府の予算の中だけであり、だいたい先進国でそのように国債を分けているのは基本的に日本だけだ。

国債の「外国人保有率」を問題視する人もいる。

日本国債を持っている外国人の割合が高くなったら困ると言うのだが、これもよく分からない危機感だ。外国人が日本の国債をたくさん持つと、日本の国を乗っ取られるとでも思っているのだろうか。

たとえば日本の株式会社が株の大半を外国人に買われてしまえば、それは言い方は悪いが会社を乗っ取られたのも同然といえる。株主には議決権があるからだ。

あるいは外国人が日本の国会議員になるのも問題だ。日本の国会は日本の国益を最大限にするために国政を議論する場であり、他国の利益を考える人とは相容れない。だから日本の法律では国会議員や一部の政府職員は日本国籍を有する者だけと定められている。

これは国会議員に投票する側も同様で、外国人には国政参政権が認められていない。すべて当たり前の話であり世界の常識だ。

しかし国債の場合は誰がどれほど持っていても、国を動かす権利を持てるわけではない。日本の国が外国人からたくさんお金を借りたところでそれがどうしたという話であり、単にお金の貸し借りをしているだけだ。

外国人が日本の国債に群がるようなことになったとすれば、それは日本の国債の信用度が高いことを意味する。欲しい人が多ければそのぶん低い金利でも買われるわけで、日本国内だけでなく国外からも低金利で資金を調達できるということなのだから、それはむしろ喜ばしいことと言ってもいいぐらいだ。

なおこれまで世界各国二〇〇年以上のデータ分析でも、国債の外国人保有比率が高いと国がデフォルトになる確率が高まるということはない。外国人の国債保有率とデフォルトにはなんら相関関係はなく、逆に「日本国債は外国人の保有比率が低いからデフォルトしない」という意見も見かけるが、これもデータ上正しい意見とはいえない。

外国人保有率が高かろうと低かろうと気にする必要などないのだ。

◆日本国債の「暴落論」に異議あり

それでも「日本国債は暴落する」と言う人はいる。しかし何をもって「暴落」と言うのか。

財政破綻、つまり国が倒産すれば、それは当然その国の国債は紙くず同然となる。巨大隕石の落下など予想だにしない大災害などで国家破綻となる確率は限りなく低いとはいえゼロではない。

だが日本国債暴落論者たちはもっと違った意味でそう言っているのかもしれない。

「暴落」の定義によっては「そういうことならそれは暴落するかもね」という結論にもなりかねない。

たとえば金利が五％上がったとする。

日本が長く続いたデフレを脱却してインフレになれば、国債価格は当然下がる。国債の金利は基本的にインフレ率に比例するので、単純に言うとインフレになれば金利は上がり国債の相場価格は下がる。

その仕組みを簡単に説明しよう。

国債の長期金利の指標となる銘柄「新発一〇年国債」は固定金利だ。つまりこの国債の発行された時点での利率がずっと続く。

ところが買った後に新規発行された国債の金利が上がれば、それより前に設定された金利は不利になるため、この国債の価格は下がる。

これから国債を買おうという人からすれば、発行当初の金利が固定されたままの国債よりも、新たに金利が高くなった直近の国債のほうが欲しい。つまり金利が高くなってからだと、金利が低いままの国債には買い手がつきにくくなり価格が下がるというわけだ。

仮に、現在の国債の金利が一％だったとして、後から五％に上がったとしたらどうなるか。

金利が上がったときの価格下落率は、その国債の償還年限に依存する。償還年限が大きいほど下落率は高くなる。

償還年限が五年なら二〇％、一〇年なら四〇％、二〇年なら六〇％といった具合だ。

これは金利の変動に応じたいわば当たり前の価格下落なのだが、それを「暴落」と言うのなら、日本国債が暴落することは十分に有り得る。

だがインフレ率の上昇にともない金利が上がり、国債価格が下がる――この一連の流れのもとをただせば、それだけ経済成長率が高くなっているということでもある。

金利一％の世界から五％の世界になるというのは、デフレからインフレ、不景気から好景気へと変化しているということなのだ。

「暴落」という言葉をいたずらに恐れていると、こうした「良い兆候」である国債価格の下落すら「これが終わりの始まりだ」などと受け取ることになりかねない。

財務省発信の財政破綻論ばかりを聞かされて、その財務省の言うことの意味すら分からないまま、数字を見るだけで避けてしまってなんとなく「日本はダメかも」と思い込んでいる人はまずその考えを改めてほしい。

自称・経済評論家だか何だか知らないが、根拠となるデータも明確な定義も示さず、単に雰囲気だけで恐怖をあおる輩がこの国のメディアにはごまんといる。

私はこうした人を相手にすることもあるが、もし「暴落」という言葉を出してきたなら「どのくらいの期間のうちに何パーセント下落することを言うのか」と聞くことにしている。それに答えないときには、基本のキということで「償還期限一〇年債で今より金利が五％上がったら国債価格が何パーセント下落するのか」を聞いてみる。

雰囲気だけの人は、この簡単な質問にも答えられないだろう。

「政府の借金が増えているから問題」という誤解がまかり通るその一方で、「日銀が大損するから問題」というこれまた見当違いな批判もある。

たまたまこれをある新聞で目にしたときにはびっくりしたが、なぜそんな考えになるのか。

日銀が大損するというのは次のようなことだ。

日銀が民間金融機関から高値で大量に国債を買っているが、景気が良くなれば国債価値は下落する。そこで金融緩和策から金融引き締め策へと転じれば、日銀には逆ザヤとなって巨額の損失が出てしまう。要するに日銀が買った国債はいずれ価格が下落するだろうから評価損が生じると言いたいわけだ。

じつは一五年ほど前からこうした議論はあった。元アメリカ財務長官のローレンス・サマーズ氏や元ＦＲＢ議長のベン・バーナンキ氏が来日したときにも日銀関係者などから「日銀の評価損は問題ではないか?」という質問が出ている。

それに対するサマーズ氏の答えはひとこと「だから何?」だった。

私はこれに「なるほど! もっともな答えだ」と膝を打ったものだが、何のことやら分からないという人が大半であろう。

もう少し親切な答えとしてはバーナンキ氏の「日銀の評価損は、政府負債の評価益だから問題ない。もし気にするなら政府と日銀の間で損失補填契約を結べばいい」という回答が分かりやすいか。

この二人に共通するのは「統合政府バランスシート」で財政を見ているという点だ。日銀と政府は子会社と親会社のように一体であり、その資産と負債は背中合わせである。したがって日銀の「資産」である国債の「評価損」は、政府の「負債」である国債の「評価益」になるため、政府と日銀のバランスシートを合算すれば問題ない。二人の言いたいことはそういうことだ。

彼らにすると常識中の常識だったから「だから何?」という答えになってしまったわけであり、決して悪意などから発せられた言葉ではない。

「統合政府バランスシート」はそのくらいスタンダードな考え方なのである。

このように現状において日本に財政問題のないことは明らかなのだが、百歩譲ってそれがあるとしよう。そのときに真っ先にやるべきことは増税でも歳出カットでもない。資産の処分である。政府の抱える資産を売却して、それを財政の足しにするのだ。

民間の企業でも経営が苦しくなれば自らの関連子会社を売却することを考える。国家でも二〇〇九年に大変な財政赤字が発覚したギリシャでは、大々的な政府資産の売却が行われた。倒産を避けるために資産を処分するというのはどこでも当たり前に行われていることなのだ。

だから日本も財政問題があると言うのなら、まず資産を売ればいい。

こういうと財務官僚やその息のかかったエコノミストなどからは「資産には売れないものもある」と反論が出たりもするのだが、しかし日本政府の資産の大半は金融資産だ。そのため海外からは「日本政府は売ろうと思えば売れる資産がたくさんあるのにぜんぜん売ろうとしない。だから本音では財政破綻の危機など感じていないのだろう」とまで見られている。

「売ろうとしない」のはもちろん財政問題がないからだが。それに加えてじつは「売りたくない」という事情もある。

財務省のホームページを見ると「資産を売れば借金が返済できるという説もあるが？」という質問に対し、あれこれと理由をつけて「資産を借金返済に充てることは困難」と回答している。

基本的には「財政問題はある」が「資産は売れない」から「増税で借金を返す」というロジックになっている。

だが「売れない」と言うのにはウラがある。日本政府の金融資産には、天下り先への出資金や貸付金が非常に多いのだ。そうした資産を売るということはつまり官僚が天下り先として確保している特殊法人や政府子会社を処分するということになる。

「政府資産には売れないものもある」というのは「せっかくの将来の天下り先がなくなっては困る」という官僚の手前勝手なふざけた理屈でしかないのだ。

繰り返しになるが、日本の財政破綻の危険性は極めて低い。金融市場では日本国債ほど安全と見られている商品も珍しいといえる。だからこそ国債そのものの金利は低いし、破綻時に損失補償をするＣＤＳ（クレジット・デフォルト・スワップ＝債務不履行にともなうリスクを対象にした金融商品）の保証料も低い。そうしたすべてが「日本の国債は安全」ということを示している。

それが金融市場の見方であり、市場ほど明瞭に世の中の実相を映し出すものはない。都合の良いことも悪いこともすべて明らかにしてしまう。偏見も忖度も入り込む余地のない正直な世界なのである。

その市場が日本の財政破綻リスクは低いと評価していて、日銀も含めた統合政府のバランスシートにはその安全性の根拠が明確に表れている。

それなのに単なる官僚の都合で「財政難だから増税」と繰り返す財務省と、その肩を持つ（というか経済理論が分からないから財務省の言うことを鵜呑みにしかできない）マスコミのせいで、いわれのない財政破綻論が流布されている。

そんな中にあって、情報を受け取る側のリテラシーが問われている。流言飛語に惑わされて「危機だ」というのは単に雰囲気で怖がっているだけに過ぎない。

一般大衆を怖がらせておいてその裏で得をしようと目論んでいる連中の話に、軽率にも乗っかる人が少なくないからこそ財政破綻論者や国債暴落論者が増長するのだと心得てもらいたい。

第六章

日本の未来像

◆不安しかない中国の未来

ある席上で「中国崩壊」の話題が出た。そこで以下のような発言があった。

「日本のバブル経済崩壊後は失われた二〇年と言われたが、中国の場合は一〇〇年くらい後遺症を引きずるのではないか」

同席者からは笑い声も聞かれたが、私は笑う気分にはなれなかった。まったくその通りで一〇〇年ほど深刻な影響が残ってもおかしくないと考えているからだ。そしてこの中国崩壊のインパクトが世界経済に与える衝撃は凄まじいものになるのではないかと密かに懸念している。

中国経済崩壊の兆候はすでに二〇一五年には現れており二〇一六年に入ってからは世界同時株安につながった。

この株安は中国経済の変調だけでなく原油安も影響したのではないかという指摘もある。確かにサウジアラビアの原油増産、イランの国際社会復帰、アメリカのシェールオイル開発などで原油はだぶついていたが、何よりも中国の石油需要減退が大きく作用したのだ。この原油価格下落の状況から中国崩壊が世界に与える悪影響もある程度見えてきた。まず原油や鉄鉱石の価格下落に拍車がかかり、資源国が苦しくなってくる。

次に貿易面での影響だが、日本のGDPに占める貿易額はさほど高くないので中国向け輸出の比重が大きい企業を除けばさほど大きな痛手ではない。中国への輸出は全輸出額のおよそ二〇％と少なくない数値ではあるが、その中には中国に部品を輸出してそこから完成品を欧米に輸出するものもある。よって実態はその数値よりも低いと見ておいて間違いはない。

一方で対中国貿易に大きく依存している韓国などはかなりの悪影響を受けることになるだろう。とりわけ人民元安が韓国経済をより一層悪化させることになる。

中国が抱える問題のひとつに富裕層と企業の海外脱出が挙げられる。富と人材の海外流出が相次いでいるのだ。

これは人件費の高騰によって外資系企業が撤退するのと同じように中国企業も海外に脱出しているというのもあろうが、しかし問題の根っこはもっと深いところにある。それは「企業経営者たちの政府への不信感」だ。

民主主義社会では信じられないことだが、共産党一党独裁下の中国では絶大な力を握る官僚たちが企業を食い物にしている。すなわち法治国家とはいえない中国では、役人が難癖をつけて企業からカネを巻き上げたり、言うことを聞かない経営者を刑務所に送り込んだりしているのだ。

そのため企業経営者たちは、自分たちの財産がちゃんと守られるかどうかという不安が常につきまとう。民主主義が未発達だから「お上」の意向で法律を勝手に解釈されて財産を没収されることへの危機感がある。だからこそ欧米へ移住する企業経営者や富裕層が相次ぐことになる。

こうした富裕層の移住であれば受け入れる国も大歓迎だろう。しかしこの先心配なのは経済難民の発生である。

中国は海外でのプロジェクトを安値受注しているが、これは犯罪者を労働者として送り込んでいるという側面もある。監獄生活か海外労働のどちらを選ぶか囚人に選択させてほぼタダ働きをさせているのだ。

その中には死刑囚まで含まれている。中国の刑務所における死刑囚の収容上限人数は四〇〇万人で、刑務所は満員御礼の状況が続いているという事情も背後にはあるのだが……。

おまけに中国人の傲慢な態度が現地の人々から総スカンを食らっている。一人っ子政策のおかげで〝小皇帝〟と呼ばれ甘やかされて大人になった者が世界へ出て行っている。アフリカ各地で中国人排斥デモが頻発しているのもそういった背景があってのことだろう。


中国で本格的な経済崩壊が始まれば、日本においても中国からの密入国や難民申請が増えることは間違いない。現在でも他人の身分証明書を使ってパスポートを取得し日本に入国してくる「なりすまし中国人」は多いのだ。

そうして日本に住み着いた中国人は次に家族や知人を呼び寄せてひとつのコミュニティをつくり上げる。一四億近い人口のうち一％が日本を目指しただけで一〇人に一人が中国人になってしまう。かつて民主党政権時代には外国人参政権を認めようという動きがあったが、たとえ地方自治体であってもそこは慎重にしたほうがいい。

排他的ナショナリズムをあおるつもりはないが現実問題として考えなければならない。事態はそこまで迫っている。

同じ自由貿易と言いながらも日本やアメリカ、ＥＵ諸国の考えるそれと中国の言う自由貿易では明らかな違いがある。中国がいくら「自由貿易の旗手として……」などと叫んでも、習近平の言うそれは〝モノ〟だけのフリートレードだ。

一方、先進国ではすでにモノの話は終わっていることが多く、モノに加えて金融や資本取引の話も全部ひっくるめて自由化をさらに進めるということになる。

前者のようなフリートレードはＦＴＡ（自由貿易協定）となる。一方で後者の枠組みはＥＰＡ（経済連携協定）であり、先進国の間ではこちらがほとんどだ。

すなわちＥＰＡとは、ＦＴＡに投資や人の移動、知的財産の保護などまでを加えた〝包括的ＦＴＡ〟ということになる。

ではなぜ中国がＦＴＡなのかといえば、まず中国には知的財産の概念がほとんどない。また資本取引も許されていない。資本取引の最たるものは土地の所有ができるか否かであり、民主主義の国であればどの国でも土地所有は（一定の制限はかかっているが）市場経済に基づいて取引可能だ。しかし中国の場合は基本的に国家が土地を所有しているので不動産取引ができない。

さらに中国が資本取引を自由化できないのは、為替管理ができなくなるということにも一因がある。

実質的に国有企業しかないため企業への投資も不可能で、仮にこれをオープンにしてしまうと一党独裁体制が崩れてしまうだろう。

なお中国はＯＥＣＤ（経済開発協力機構）にも加盟していないが、これも資本取引が許されていることが加盟の条件だからである。

こうした事情を先進各国は知っているから対中交渉においてはわざと為替や資本取引の話を持ち出したりもする。

中国がＡＩＩＢ（アジアインフラ投資銀行）などを通じて自国ルールでの自由貿易圏確立にこだわるのは、こうした明らかな中国ハズシに対抗するためでもあるのだ。

日本のメディアではトランプ憎しもあってだろうか、「自由貿易を推進する中国」「保護主義を強めるアメリカ」という構図をつくりたがるが、双方の考える自由貿易のステージがまったく異なることは知っておくべきである。

またアメリカのトランプ大統領は保護主義的と称されるが、これはＴＰＰのような多国間条約では自国の力を発揮できないから「二国間で交渉したい」とゴネているだけであって、自由貿易志向であることには違いない。よってこの場合は保護主義者というよりも交渉の仕組みに文句を言っているだけというのが正しい評価ということになるだろう。

二〇一五年夏に株価が急落した局面では、八月一一日から二四日までの二週間で中国の外貨準備高が一〇六〇億ドル（約一三兆円）も急減している。その後も外貨準備高の減少傾向は続き、一二月には過去最大の一〇七九億ドルも減少——通年で外貨準備高が減ったのは二三年ぶりで、しかもその減少額は五一三〇億ドル（約六二兆円）に達している。

二〇一七年にはやや回復したものの、それでもピーク時には四兆ドルあった外貨準備高は二〇一八年一一月の時点で三兆六二〇億ドルにまで減少している。

ただしこれらの数値は中国の公式統計によるものである。

二〇一五年の外貨準備高の減少額についてブルームバーグが報じたところによると、実際の資本流出額は一兆ドル（前年比七倍）にも達したという。さらに外貨の流出は非公式なチャンネルからも発生するので現実の流出額はもっと多いはずだ。

中国の外貨準備高が減り続けている主な要因は人民元の下落に対する為替介入だ。景気減速にプラスしてアメリカの利上げもあり、海外への資本流出に歯止めがかからない。それを防ぐための為替介入であり、ドル売り人民元買いは結果として外貨準備高を減らすことになった。

これに対して中国の国家外為管理局（SAFE）は「中国の外貨準備高は依然として豊富で、短期対外債務残高の外貨準備高に対する割合は一〇〇％をかなり下回っている」と強弁した。

確かに中国の外貨準備高はいまなお世界最大で、対して短期対外債務が増加傾向にあるとはいえ二〇一八年九月末時点で一兆二一〇〇ドルというから、これらの数値が正しいとすれば現時点では懸念する水準ではない。

ただこの増減の傾向が今後も続くかもしれず、心配しなければならないのはそこである。

もし中国の外貨準備高が二兆ドル程度まで減少すれば警報音が鳴り響くことになる。中国の金融当局が人民元のレートを維持しようとすれば投機筋からの人民元売り浴びせが予想されるからだ。

二〇一八年には日中通貨スワップ協定（通貨危機の際に自国の通貨を担保として相手国から通貨を融通してもらうシステム）の再開が伝えられたが、自称・世界第二位の経済大国である中国が日本に金融支援を求めてくる日も近いのかもしれない。

中国の統計はアテにならないが、中国に関係する外国企業の動向やその業績からさまざまなことを判断できる。中国向けの輸出比率が大きい企業、中国に進出した企業、中国からの訪日観光客に大きく依存する企業の近年の業績を見れば中国経済の減退ぶりは顕著である。

中国経済のフリーフォール状態は日本企業の想定をはるかに超えるものとなり、各企業から「中国関連部門での落ち込みが予想以上に大きい」と怨嗟の声が伝わってくる。

たとえば中国の開発ラッシュで恩恵を受けたのは建設機械メーカーだ。彼らのおかげで中国各地に新たな経済都市が誕生し、高層ビルが立ち並ぶさまは国そのもののイメージを一新した。

ところがここに来て中国国内の開発ラッシュがぴたりと止まってしまった。建設された高層ビルの中にはゴーストタウン化してしまったものも多い。

そして、それに合わせるかのように中国国内での建設機械の売上も激減した。

これらを輸出もしくは現地生産している企業といえば小松製作所、日立建機、神戸製鋼所などである。

建設機械で世界第二位の小松製作所（一位は米国キャタピラー社）は工事現場において半自動で動く〝ＩＣＴ建機〟（ＩＣＴ＝Information and Communication Technology＝衛星による位置情報と３Ｄ設計データでセミオート化した建機）をいちはやく導入し、省力化や工期短縮に貢献する〝ＩｏＴ〟（Internet of Things＝あらゆるモノがインターネットに接続して相互に通信や制御を行うという概念）を推進する企業としても注目されていた。それにもかかわらず足元の業績悪化に苦しまされた。

二〇一一年度末に売上高の二〇％以上を占めた中国事業は、二〇一二年度には急速に低下して二〇一三年度末の全売上高に占める中国の割合は一〇％を下回り、二〇一四年度には中国での売上高が前年比で三二％も減少するまでに需要が落ち込んだ。

二〇一六年には共産党大会を控えた中国政府が景気刺激のためにインフラ開発などを実施したことが建機需要の回復につながり二〇一八年一月に株価は過去最高値の四四〇〇円台にまで上昇したが、二〇一九年一月現在では下降傾向に逆戻りして二〇〇〇円台の半ばを行き来している。

こうした状況下にあって中国からの外国企業の撤退が相次いでいる。日本企業もその例に漏れない。

最大の理由は労働市場としての魅力が薄れてきたことで、中国が経済成長するにつれて労働者の賃金も上昇してきた。たとえば都市部の工場の労務コストはこの数年で倍増、労働集約型の生産が特色だった中国は生産拠点としての魅力が薄れてきた。

代わって台頭してきたのがベトナムやミャンマーだ。

二〇一七年度の『アジア・オセアニア進出日系企業実態調査』（ジェトロ）によると各国一般工の月額賃金は以下の通りであった。

中国・北京……七四六米ドル
中国・深圳……五三七米ドル
ベトナム・ハノイ……二〇四米ドル
ミャンマー・ヤンゴン……一三五米ドル
カンボジア・プノンペン……一七〇米ドル

これを見れば中国の労働コストが突出して高いことが分かる。一般工でこの数字だから、これにエンジニアや管理職の賃金が加わると東南アジア諸国との格差はさらに広がる。しかも最近ではほかの東南アジア各国の生産性が向上して、先行していた中国と比べて遜色がなくなってきている。そうなると中国の優位性はほとんどなくなり、生産地としての魅力は東南アジア諸国のほうが優ってくる。

別の角度から見てみると二〇〇九年度における日本の衣料品の輸入シェアは中国が七九・五%を占めていたが二〇一七年には六一・七%にまで落ち込んでいる。その一方でほかの東南アジア諸国の日本向け輸出は軒並み伸びている。

生産拠点としての〝チャイナ＋1〟の存在として特に存在感を増しているのがベトナムだ。日本企業は続々と中国から逃げ出してベトナムを目指しているのである。

中国の経済が停滞すれば人件費がまた下がるのではないかという考え方もあるが、それは甘い見通しだ。人件費には「下方硬直性」といって、減額しづらい特性がある。それは「社会主義自由経済」という独特の政策を実践する中国でも事情は同じだ。

さらに中国では労働争議が頻発している。中国本土でのストライキや抗議活動は年間数千の単位で起こっていて、新しいチャイナリスクとして警戒されているのだ。

そうした動きを察知してか年々日本から中国への直接投資は減少しているし、もちろんこれから中国に進出しようとしていた企業、あるいは中国関連の事業を拡大させようとしていた企業もその計画自体の見直しを迫られている。

習近平は国家主席に就任すると、まず贅沢禁止令を発した。そして「トラもハエも叩く」——すなわち腐敗した奴らは党幹部であろうが下級官吏であろうが容赦なく取り締まると宣言し、その後は実際に大物幹部を訴追していった。

ただしこれは汚職撲滅というよりも権力闘争の側面が強く、つまり腐敗社会との決別は当分難しい状況と見たほうがいい。

また、この習近平による性急かつ徹底した腐敗一掃の動きと贅沢禁止令は別の副作用も生み出している。

下っ端に至るまですべての役人が委縮してしまっているし、贅沢禁止令のおかげで高級飲食店の多くも潰れた。

こうした流れからすると中国・習近平は、ソビエト連邦崩壊の直前に書記長を務めたミハイル・ゴルバチョフと同じ轍を踏むのではないかと思わせる。

ゴルバチョフは一九八〇年代後半、ソ連共産党を浄化しようとしたあまりに共産党の組織そのものを麻痺させることになる。自由化を図ろうと共産党の権限を縮小させたために経済や社会をコントロールする機能まで奪ってしまい、ソ連社会に大混乱を招いたのだ。

では周政権下の中国において汚職が完全に撲滅できたかというとそうではない。いまでもビジネスを始めるには袖の下が必要だし、当局の気まぐれで財産を没収されたり逮捕されたりといったリスクもつきまとう。

つまり何をやっても壁にぶち当たるほどに中国の政治と経済は蝕まれていてその病巣はとてつもなく深い。多くの国や企業が今後中国への積極投資を控えようとするのは当然の成り行きではないだろうか。

◆合理で考えれば日米重視一択しかない

トランプが大統領選に勝利して間もなく、私は安倍首相から連絡をもらった。「どう対応したらよいだろうか」という話だった。

当時、日本の外務省はトランプ陣営との交渉窓口探しに躍起になっていた。米国メディアの予想の通りに「ヒラリー・クリントン候補が勝利する」と見ていたためにトランプ陣営とのパイプをほとんど築いていなかったのだ。

安倍首相からの電話を受けて私の脳裏に浮かんだのが日系三世の米国人で弁護士の村瀬悟氏だった。彼と知り合ったのは私が財務省在籍時のこと。ニューヨーク日系ソサエティのボスのような存在で、トランプの顧問弁護士の一人でもあった。

私はさっそく連絡を取り「トランプ陣営でいちばん関りが深いのは誰か」と尋ねると「娘のイヴァンカさんだ」と言う。世の父親というのは概して娘に弱いものであり、そこでこちらとしてはまずイヴァンカを交渉の窓口として説得することにした。

村瀬氏は「日本語を勉強しろ」とのお父さんの教育方針から中学高校は日本の成蹊学園に留学していて、同じく成蹊学園の一年先輩だった安倍首相も村瀬氏のことはよく知っていた。

そうして安倍首相は村瀬弁護士を通じて連絡を取り、トランプタワー訪問を実現させたのだった。

つまり安倍・トランプ会談は、表向きには外務省の顔を立てる形になったが、実際には安倍首相の人脈で実現したわけである。

トランプタワーでの会談後、安倍首相が宿泊先のホテルに帰ってきたときのニュース映像にはしっかりと村瀬氏の姿があった。その後連絡すると「映ってましたか」とやや焦った様子であった。

米大統領に就任する人物に直接電話できる村瀬弁護士のような人はめったにいない。その意味では村瀬氏と旧知の仲だった安倍首相はラッキーで、政治家にとっては運も実力のうちである。

およそ能力のある政治家はそういった広い人的ネットワークをつくっているもので、何かあったときにはそれが活きるということを常日頃から意識している。その点において安倍首相は極めて丁寧に独自のネットワークをつくり上げている。安倍首相は、会った人のことをすべて覚えているのではないかというほどよく覚えている。

ともかくそのような経緯で世界各国に先駆けて安倍・トランプ会談が実現されたわけだが、その間に日本のマスコミは「トランプとの折衝ルートがない」というような報道ばかりを繰り広げていた。マスコミの取材先が外務省しかなかったからである。トランプ氏との独自ルートのなかった外務省に聞けば、そういう答えにしかなりようがない。

現実問題として外務省はヒラリーへの対応だけでキャパシティオーバーであり、さらに言うとヒラリーの勝利を妄信して「トランプ陣営と接触してはいけない」というようなことまで言っていた。ヒラリー・クリントン大統領が誕生した際にトランプと接触していたとなると日本のマイナスになるという判断だった。しかしこれは愚かな話である。

優れた政治家はそういうところは確実に押さえていく。たとえ外務省が「ルートがない」と説明しても、政治家は「じゃあ手の打ちようがないな」というわけにはいかない。

会談の際、安倍首相はゴルフのドライバーを持参したが、これは単なる土産物ではなく「次はゴルフを」という意味を込めたものだった。

ともあれ日本の首相が大統領選に勝利した候補と大統領就任前に会談したのはきわめて異例のことで、この素早さには多くの国があわてたに違いない。特に中国などはずっと電話さえできずにいたのだからさぞかし焦り狂ったことだろう。

その後も安倍首相の動きはじつにスピーディーなものだった。トランプが米大統領に就任した直後の二〇一七年二月一〇日には渡米して、第一回目の日米首脳会談を行うとその日のうちにフロリダにあるトランプ大統領の別荘に移動して宿泊。翌日にはゴルフ外交に臨んだ。

日本のマスコミには「ゴルフなどに興じていていいのか」などという論調も見られたが、これはあまりにも理解力に欠ける。米国で要人がプレーするようなゴルフ場はセキュリティーが徹底していて、もちろんマスコミはシャットアウトで写真を撮られるようなこともない。

写真を撮られるということはその人物を狙撃するチャンスもあるということだし、映像を撮られれば読唇術で会話の内容が漏れる恐れもある。

そのため重要な話し合いの場として極めて適しているのが米国のゴルフ場なのである。実際このときのゴルフ外交における秘密保持は完璧で、記念写真以外の写真は一枚も撮られていない。

報道によれば最初の一八ホールをプロゴルファー二人を交えた四人で回った後、安倍首相とトランプ大統領はキャディーやSPもつけずに二人だけでハーフコースを回っている。

外務省の職員が一人だけ通訳としてついていたと聞いているが、米国のカートは二人乗りであり、では二人がカートで回るときに通訳はどうしていたかというと、カート後部のゴルフバッグを置くボードにしがみついて通訳をしていたそうである。

後に安倍首相は「あれではさすがにメモは取れない」と笑っていたが、これも計算ずくであろう。メモがなければ外務省に戻ってからも報告書の上げようがない。

ではそこで両首脳はどんな話をしたのか。これは推測になるが会話の内容としては「人」の話しかない。「習近平はこういう人間である」「ドイツのメルケルは……」等々の人物評である。

あの時期のトランプ大統領は、その後五月にイタリアで開催されるG7サミットで初めて大統領として世界の舞台に登場することになっていて、それまでに少しでも各国首脳がどういう人物かを知っておきたいと考えていたはずである。ビジネスの世界で生きてきただけに、交渉前に相手がいかなる人物かを知ることの必要性を強く認識している。

そう考えたときに安倍首相は、メルケル独首相に次いでG7への出席回数が多く、他にもさまざまな国際会議に出席していて各国首脳の人柄などをよく知っている。トランプ大統領からすると話を聞くのに最適な一人であった。

これらの状況を活かして安倍首相がこの会談をやり遂げたことが日本外交にとって大いにプラスとなったことは言うまでもなかろう。

「ゴルフに興じていていいのか」などという俗人的な見方をするのではなく「どんどんやるべ

きだ」というのが正解なのである。

これは日本外交史における画期的な成果であった。

前オバマ政権と比べてもそのことは明らかだ。二〇一二年十二月、安倍首相が自身の就任直後に米国へ出向いたところ、オバマ大統領との会談時間は四五分しか確保できなかったという。日本の首相に対する米国の扱いはしょせんこの程度だったのだ。

それがトランプ大統領との首脳会談は二日にわたりゴルフも三六ホール、握手は異例の一九秒にも及んだ。

日本の首相が初めて米国大統領から〝まともに〟扱われた、まさしく画期的な出来事であった。

集団的自衛権に関しては「憲法に照らして是か非か」という考え方を私はしない。極めてシンプルに「安全が高まるのはどの選択肢か」ということのみを考えている。私たちの生命や財産がかかっている問題であり、憲法を守ったところで国が滅んでしまったり自分が死んでしまっては意味がないからだ。

防衛についていては大きく分けて二つの可能性がある。自主防衛か、他国と組んで防衛を行うのかだ。そうして他国と組む場合には強いヤツと組むのかそこそこのヤツと組むのかも考えねばならない。

こうした選択肢のうちどれが一番安全なのか。歴史データが明らかにしているのは「最も強大な軍事力を持った国と同盟を組んでいた国は他国からの侵略を受けにくく戦争のリスクが下がる」ということである。そうなると世界で一番強い国、現状ではアメリカと組むことが最も安全ということになる。

よって日米の同盟を強化する政策を打ち出すことは極めて合理的な判断であるとの結論になる。

戦争確率という考え方については、過去に安倍首相にも話したことがある。「仮に集団的自衛権を認めることが戦争確率を高めるとしたらどうしますか」と尋ねたところ、「それはオレも反対するよ」と極めてシンプルな答えが返ってきた。

これは当然の話で、戦争確率を高める政策を良しとする政治家はまずいない。よって結局のところは戦争確率を低くする政策は何かという手段の問題になる。そしてその手段として現状最適なのが集団的自衛権行使容認による日米同盟強化ということなのだ。

しかし集団的自衛権の行使に反対する野党議員や評論家にこういった話をすると、戦争確率を低くするという目標には賛成するものの、その手段についてはまったく見当外れの答えが返ってくる。日米同盟を強化するとアメリカの戦争に巻き込まれることになり、むしろ戦争のリスクが高まると言うのだ。

ところがデータ的には組む相手が強大であればあるほど戦争に巻き込まれる危険性は低くなる。その一方で、中途半端な相手と組んだ場合は他国からちょっかいを出される確率が高くなり、結果的に戦争に巻き込まれたりもする。

また現実問題として、有事となったときに実戦経験のない自衛隊に対してアメリカが前線で戦うように指示することは考えにくい。それが原因で敗戦となったときのアメリカのリスクが大き過ぎる。よってアメリカを中心とした国連軍に日本が参加したとしても現実は後方待機とされるだろう。

さらにはアメリカを敵に回すことのリスクも考えねばなるまい。集団的自衛権に反対する人は最強国家との同盟が揺らぐことの危険性を分かっていない。

たとえ相手が日本に原爆を二発も落とし、たびたびの空襲で多くの民間人を殺した仇敵であっても、現状で世界一強いとなれば積極的に付き合うことが合理的であり、そういうことを理性的に考えるのが外交の基本だ。アメリカと組めば日本の安全性は高まるし自国だけで防衛するよりも格段にコストが安く済む。安心安全をお得な値段で実現できるのだからこの路線こそが正解であり、そうなると集団的自衛権に賛成するほうが憲法九条の精神に即することにもなる。護憲派を自認する人たちがなぜそれに反対するのかが疑問でならない。

◆フィリップス関係

雇用と物価、マクロ政策の関係を示すフィリップス曲線というものがあり、一般的な経済学の教科書では横軸が失業率、縦軸がインフレ率となっていて、これは逆相関の関係であることが分かる。

そうしたインフレ率と失業率の関係をフィリップス関係という。

インフレ率がマイナスの時には失業率が高く、インフレ率が高くなるにつれて失業率が下がる。しかし失業率はある値から下がりにくくなる。

この失業率の下限を「ＮＡＩＲＵ（インフレを加速させない失業率）」という。実際の値を推計するのは簡単な作業ではないが、私の推計では日本のＮＡＩＲＵは「二％台半ば」である。

「インフレ目標」というのは、このＮＡＩＲＵを実現する最小のインフレ率で、これが現状では二％程度となる。

こうしたフレームワークは先進国では共通のものである。

二〇一八年のダボス会議（世界経済フォーラム）における黒田東彦日銀総裁が出席したセッションで以下のようなやり取りがあった。

ダボス会議は経済の専門家らも討議を聞いている。そこでフロアから「インフレ目標は二％がいいのか」という質問があった。

これに対して黒田総裁は「インフレ目標の物価統計には上方バイアスがあるので若干のプラスが必要なこと、ある程度プラスでないと政策の対応余地が少なくなること、先進国間の為替の変動を防ぐことなどの理由から先進国では二％インフレ目標が確立されてきた」と答えた。

国会答弁ならこれでいいのだが、ダボス会議ではこれでは通用しない。会場には妙な空気が流れた。

正解は「インフレ目標は、フィリップス曲線上でＮＡＩＲＵを達成するための最低のインフレ率である。日本でＮＡＩＲＵは二・五％程度なので、インフレ目標は二％となる。これ以下だとＮＡＩＲＵが達成できずに失業が発生する。これ以上だと無駄なインフレ率で社会的コストが発生する」である。

先進国で共通なのは二％という数字ではない。フィリップス曲線の読み方が共通なのだ。

アメリカの場合だとＮＡＩＲＵは四％程度でインフレ目標は二％だ。

二〇一八年時点でアメリカの失業率は四・一％、インフレ率は二・一％とほぼ最適値にある。その上でトランプ政権は大減税をしようとしている。それは経済を右に動かす、つまりインフレ率を高める政策となるから、その一方でＦＲＢが金融引き締めするのは理にかなっているということになる。

メディアからはアホだバカだと誇られるばかりのトランプ大統領だが、こと経済政策においては大きく外していない。それだからこそ二〇一九年中にはアメリカの景気拡大が過去最長となる一〇年目に突入するとも言われている。

二〇二〇年に米大統領選を控えたトランプ大統領は、貿易問題や内政、安全保障問題などにおいてどのような原理で行動すると考えられるのか。

二〇一六年大統領選でのトランプ氏の公約は次の通り。

メキシコ米国間の壁建設、不法移民への取り締まり強化、北米自由貿易協定（NAFTA）再交渉、環太平洋戦略的経済連携協定（TPP）からの離脱、中国への高関税導入、二五〇〇万人の新規雇用創出、安定した経済成長、大幅な減税、カナダからメキシコ湾への原油パイプラインの建設、パリ協定からの撤退、IS（イスラム国）の殲滅、アフガニスタンでの米軍維持などだ。

これまでのトランプ政権は、内政と外政において基本的にはこれらの公約を実行してきた。政策自体良いか悪いかについては大統領選の民意なので後から批判はできない。公約実行はこれからも続くだろう。

シリアからの撤退も、IS殲滅との関係でトランプ氏は公約としていたので既定路線だった。これにマティス国防長官が反対したので公約実行のために同長官は事実上解任された（表向きには辞任であったが）。

アジア地域に関する公約は多くなかったが在韓米軍の撤退などにも言及していた。中国への強硬姿勢は、事前の公約というよりも主としてトランプ政権発足以降に出てきたものだが、これには安倍首相からの個人的な働きかけの影響が大きかった。その一方で在日米軍の駐留負担増などを公約していたが、日本に対しての風当たりはこれまでのところ大きくない。これも安倍首相の外交成果であろう。韓国へのそっけない態度も同様だ。

アジアでのトランプ政権の動きも公約と政権発足以降の動きで説明できる。ただし日米の貿易や安全保障関係では、安倍首相とトランプ氏の個人的な親密関係があるので、公約をそれほど重視することもなく今後も基本的に良好な関係が続くだろう。

北朝鮮への接近は政権発足以降の動きだ。極東アジアで北朝鮮が非核化することは日本にとっても望ましい。その関係でトランプ氏が公約としていた在韓米軍撤退の動きも出てくるかもしれない。

これは日本にとっては好ましくない展開だ。これまで朝鮮半島が中国との間で緩衝地帯の役割を果たしていたが、場合によっては日本の対馬が防衛の最前線になることも考えられる。

そこで、トランプ氏と個人的に強固な関係を持つ安倍首相とともにポイントとなるのがペンス副大統領の存在だ。副大統領は大統領と同じく選挙で選ばれているので、かのトランプ大統領といえども解任できない。ペンス副大統領は中国封じ込めでトランプ氏以上に強硬な考え方を持っている。その中国が朝鮮半島で覇権を握るようなことは決して許さないはずだ。

二〇一八年九月、トランプ米大統領がニューヨークで開催された国連総会において一般討論演説を行った。そこでは「グローバリズムの思想を拒絶し、愛国主義に基づいて行動する」と改めてアメリカ第一主義を打ち出している。

これを「孤立主義」とする批判的な論評もあるが、実際にはトランプ一流の交渉術の一環であろう。トランプ大統領の経済政策においては「雇用」が大きなウエイトを占めていて、じつはグローバリズムはある意味で雇用をつくるという面もある。そのことを分かった上で、グローバリズムを完全に否定しているわけではなく、単に今後各国と行うであろう交渉をうまく運ぶための種まきとしてこういうことを言っているのだと踏んでいる。

「アメリカ第一主義」を批判するメディアは多いが、しかしそもそもどこの国にしても自分の国第一主義というのは当たり前のことである。他の国を優先して国益を損ねるような国家首脳がいるならばすぐさま弾劾されることだろう。

グローバリズムというのはいろいろな側面があり、やり方によっては自国中心主義ともいえる。だから言葉だけでトランプ大統領のすべてを判断することはできない。トランプ大統領自身はその思想や行動を見る限りでは自由主義論者であり、貿易をすべて拒絶するというようなことは毛頭考えていないだろう。「関税は上げるが、これはそれぞれの利益のためにやっている」という感覚だ。利益があるかどうかで判断して「自分の国に最大限の利益をもたらす政策をとるのが当たり前」というういたって普通の論理で動いている。

WIN-WINの貿易をするときに、なるべくアメリカのWINを大きくしたいということであり、それは日本にしてもそう悪い話ではない。

たとえば中国とアメリカが貿易戦争をしていれば第三国は絶対に漁夫の利がある。トランプ政権の対中政策でいちばん割を食うのはもちろん中国で、そうなると日本は第三国の漁夫の利を得られる可能性が極めて高い。

国際通貨基金（IMF）でも米中の貿易戦争が激しくなるとその他の国にどのような影響が

出るかというシミュレーションをしているが、そこでも日本はプラスになっている。
アメリカの矛先が日本に向いたならばそれは大変なことになるが、他国でやっている限り日本にとってはプラスに働く。

米中対立において、アメリカへ中国が輸出している額は膨大だけれども、アメリカから中国に輸出している部分は少ない。だから関税の掛け合いをしたら中国が負けると言われていて、基本的にそれは正しい。報復合戦においてこれまでの中国産低価格の製品よりも高い製品が入ってきたとき、それにアメリカ国内の消費者が我慢できるかという問題はあるが、それもアメリカとしては割り切って中国製品ではないその他第三国の製品にしてしまえばそれまでのことなのだ。

こういった取引になれば中国はやはり不利になり、最終的に突きつけられるのは「資本の自由」という話になってくる。だが中国では共産党支配を崩しかねない為替の自由化や資本の自由化はできない。だから最後にアメリカがそこへターゲットを持っていけば、中国が負けるという答えが見えている。

「貿易戦争で赤字を減らす」とトランプ大統領は言うが、本音はその裏側の資本取引に持っていくところにあるのだ。

◆わかりやすいトランプ像

ドナルド・トランプ米大統領の就任演説は「アメリカ・ファースト」だけをコンセプトにしたものすごくわかりやすい演説だった。使う英語も小学生でも理解可能な平易さ。さすが泡沫候補と言われながらもプロの「政治家」を破ってきたトランプらしい。哲学的なフレーズもまったくない「シンプルこそベスト」と言わんばかりの演説だった。

平易なトランプ英語は日本の学生の英語教材にしてもいいのではないかと思っている。私がレギュラーで出演しているテレビ番組『教えて！ニュースライブ　正義のミカタ』（朝日放送）でもタレントさんがトランプの英語を聞いて「私でもわかる！」と言っていたのが印象的だった。

一方でトランプ大統領に反発する人は今なお多く、デモが繰り返されている。マスコミも大半はトランプ大統領に批判的だ。

米国マスコミの劣化コピーである日本のマスコミも同様にトランプ大統領の扱いは酷いままだ。しかも日本のマスコミには左派が多くインテリ層と重なっている。彼らは平易な演説より哲学的なフレーズを好む。そうした人たちはトランプ大統領の演説を「内容がない」と批判する。

あるテレビ番組で就任式の模様を放送している際に番組進行役のアナウンサーが「トランプさんに核兵器の発射ボタンを持たせて、大丈夫なんでしょうか?」「台湾の総統と電話会談は軽々しい行動ですね」と上から目線でこき下ろしていた。そうした人たちの批判の矛先は「メキシコとの間に壁をつくる」「イスラムを入国させない」などの差別的な発言に向かっていった。

私は多少、トランプ大統領の周りの人物を知っている。彼らは「トランプ大統領はとてもクレバーであり、その発言もよく計算されている」と言う。あえてマスコミが飛びつきそうな言葉を選んで発しているので、決定的な嘘にはならない。

マスコミへの対応もトランプ大統領は従来の政治家とはまったく異なっている。マスコミは三権（行政・立法・司法）に次ぐ「第四の権力」と言われるほどの力を持っている。大統領が国民と接するときにはメディアがその間に入り、それにより国民に対して大きな影響を持つことになる。ちなみに「メディア」という言葉は「間に入る」という意味だ。

ところが、トランプ大統領はツイッターなどのSNSを駆使して直接国民と接し、マスコミをできるだけ介在させないようにしている。その典型が大統領就任前の記者会見だ。この記者会見では特定のメディアからの質問をまったく無視し、批判まで繰り広げた。

トランプ大統領にとってマスコミは第四の権力でもなんでもなく、単にツイッターのフォロワーに過ぎない。

マスコミはトランプ氏のツイッターへの書き込みを批判的に報じているが、偏向したマスコミ経由でなく直接に国民がトランプ大統領の言葉に接することができるのは決して悪いことばかりではない。しかしこれがますますマスコミの危機感をあおり、さらなるトランプ批判につながっている。

なぜマスコミが偉そうにしているかといえば、国民からは「政治家からの直接的な情報を持っている」と期待され、また政治家からも「国民への情報のパイプ」として丁重に扱われてきたからだ。ところがツイッターの登場によりマスコミの存在意義が急速に失われている。

一例を挙げればトランプが大統領就任前に行った台湾総統との電話会談である。マスコミはこれをトランプのツイッターで知った。マスコミはこれまで国民より前に情報を仕入れて調査することによる国民との「情報格差」で存在感を発揮していた。ところが、その格差がなくなるとまったく役に立たないことがバレバレになってしまった。

マスコミ以外でも、じつは台湾総統との電話会談の一方で、かつて中国国交回復を実現させ、現在も共和党に影響力のあるキッシンジャー氏が訪中していたことを知る人は多い。トランプ氏は、思いつきで電話会談をしたのではなく、中国とも連絡パイプを持つという同時並行的な「二股外交」をしていたのだ。これこそが「ザ・政治」である。

トランプと閣僚指名者の意見の相違についてマスコミは取り上げる。だがこれは同じ共和党の中の話に過ぎず、私には大した問題のように思えない。「意見は自由」として、できるだけ党内に意見の多様性を確保し、重要な意思決定の前にガス抜きするのはしばしばみられる政治手法である。むしろトランプ政権内の意見の相違は、政権の柔軟対応に変化する可能性が高い。

そもそもマスコミは、トランプの当選確率をまったく見誤っていたのであり、そんなマスコミのトランプ評がアテになるはずもない。

さらに言えば、日本からいくらトランプ批判をしたところで米大統領は変わらない。トランプは分かりやすいポリシーを持っていて、わざわざそれを公言してくれているのだから、だったらそれを逆手に取るようなしたたかな対応策を考えるほうがはるかに建設的だろう。日本のマスコミ報道を見ていると、批判ばかりで建設的な意見がない戦後のヘタレサヨクの典型に見えてくる。

米連邦公開市場委員会（FOMC）は二〇一八年一二月一八、一九日の定例会合で三カ月ぶりとなる利上げを決定した。

これに先立ってトランプ米大統領は利上げをしないようにたびたび牽制していた。トランプ大統領はこれまで政治家や軍人の経験がなく、役人でもなく、不動産業に従事してきた。

不動産価格は、理論的には物件の将来収益を金利で割り引くことで求められる。文字に起こすとややこしく感じるかもしれないが、こんな式を知らなくても経験則によって利上げ（金融引き締め）が不動産価格にマイナス効果になることは、不動産業界の関係者であれば常識だろう。つまりトランプ大統領の発言は長年不動産業界にいた感覚から自然に出たものだと思っている。

トランプ大統領は基本的に金融緩和指向である。トランプ大統領からすると、米連邦準備制度理事会（FRB）の議長は自分の関連子会社の社長に過ぎないと思っているのだろう。

この理解は正しい。だがこれまでの歴史の中で積み上げられた慣行から、大統領は子会社の長期的な大きな方針には関与していいが、短期的な、たとえば日々のオペレーションまでは関与しないというのが、中央銀行の独立性として確立された考えである。

実際、今回のFOMCはトランプ氏の意向を無視して日々のオペレーションをこなした。大統領が何を言ったところで短期的なオペレーションには支障がなく中央銀行の「手段の独立性」は確保されている。

しかしこうしたトランプ大統領の意見は、FRBの長期的な大きな方向性には影響を与えることになるだろう。というか、大統領に共感したのか、たまたま判断が似通ったのかどうかは分からないが、二〇一九年の金融政策上の適切な政策金利について、FOMCメンバーの判断が大きく変化している。

政策金利はフェデラル・ファンド金利（短期金融市場を操作する目的でFRBが調整する政策金利）だが、二〇一八年九月には二・〇〇～二・二五％から〇・二五％刻みで三・五〇～三・七五％まで七グループに分かれ、中央値は三・一％だった。こうした形で年三回の利上げになると予想されていた。

しかし今回は二・二五～二・五〇％から三・〇〇～三・二五％までの四グループで、中央値は二・九％となった。これで年二回の利上げペースと予想された。

FOMCメンバーが適切金利の予想を変えたのは、もちろん実体経済の見通しが変化したという状況認識が前提になっているのだが、それがトランプ大統領の金融緩和指向と合致しているというのは興味深いところである。

◆北方領土解決は七〇年後

安倍首相はロシアのプーチン大統領とウマが合うというのはよく言われることで、そのため首脳間の信頼関係により北方領土の返還が実現するのではないかと期待する声もあったが、最近の交渉状況を見るとどうもそれは怪しそうである。

これは当然といえば当然のことで、旧ソ連が北方領土を実効支配してから七〇年以上も経過しているのだ。七〇年経過した問題はその解決のためには七〇年のスパンで見る必要がある。外交とはそういうものだ。

言い換えるなら、領土問題に関して外交ですぐに成果を求めるのは土台無理な話であるということ。

放っておいたら七〇年が一〇〇年になってしまう問題で、対ロ協力に踏み出した安倍首相の外交はあくまでも七〇年後に向けた第一歩に過ぎない。

河野太郎外相が二〇一八年一二月一一日の記者会見において日露関係についての記者の質問

に四回連続して「次の質問どうぞ」とだけ答え、これに記者が反発するという一幕があった。

新聞各紙は河野外相を批判して、立憲民主党の辻元清美・国会対策委員長の発言「議員や記者の後ろには国民がいる。質問に答えないのは国民を無視しているに等しい」「親子孫三代で議員をやっている世間知らずな大臣」を引用している新聞もあった。

だが今回の件については新聞が一方の当事者であるため、当然のことながら新聞報道はアテにならない。お仲間であるテレビも同じだ。情報の切り取りをして相手方である河野外相のイメージ操作をするのはいつもながらのやり口だ。

昔であればそのまま「河野外相が悪い」ということになっただろうが、今はインターネットで河野外相の言い分もきちんと検証できる。外務省サイトの外務大臣会見記録を見れば、ここにテキストも動画も掲載されている。正直に言えば各省の大臣記者会見を各省サイトで見ておけば新聞なんてまったく読む必要はない。官房長官の記者会見記録だけでも十分である。

さて、外務省サイトで一二月一一日を見ると、確かに「次の質問どうぞ」を四回繰り返している。

しかしこの一週間前、四日の会見を見ると、同じ記者の同じ質問に対して「これから交渉が始まるので交渉の場以外では発言を控える」と丁寧に答えている。

こうした場合の一般的な対応としては「前に同じ質問があった」ことを言った上で「同じ答えを言う」である。

そうしなかった理由はいろいろ考えられるが、ひとつは感情的なもので河野外相のムシの居所が悪かったなどである。

もともと河野外相と外務省記者クラブとの関係は良くない。他国との外相会談では冒頭取材があるが、河野外相はこれをしばしば英語で行う。このことに対して記者クラブからは「日本語でやってくれ」との要望があったが、河野外相は「外務省記者クラブにくるのだから英語くらいできる人をよこせ」と返している。外務省記者クラブには政治部記者が多く英語ができない人も少なからずいるため、この発言は反発を受けた。

これに先立つ一二月七日のロシア、ラブロフ外相の発言をみるかぎりでは、まだ会談日程すらセットされていない状況であった。外交交渉では会談日時の設定が最優先で、内容はその次だ。

ロシアにとっての北方領土問題は、日本と交渉するということ自体が現状より後退することになる。だからロシアが「交渉しない口実」を交渉外で主張するのは常套手段である。一方、日本は交渉に持っていけなければ何も得られない。そのためロシアの強硬な態度に日本が交渉外で応じれば、それは相手の土俵に乗っかることになりうまくない。

中国の尖閣諸島に対する主張に日本が「領土問題はない」と応じるのと形の上では同じことだと（この際、主張の正当性はさておいて）考えれば分かりやすいだろう。日本の尖閣領有の主張に対して中国が異議を唱えた時点で日本側が交渉のテーブルにつくことはあり得ない。

そうした状況にありながら安倍総理のこれまでのプーチン大統領との関係でようやく交渉開始まで漕ぎ着けた。そのときに交渉外での余計な一言は有害無益となる。

河野外相は、政治部出身記者の「外交音痴」を皮肉りつつ国益を守ったのかもしれない。なおこの会見に関して河野外相は、自身の公式ホームページ上にそのままズバリ『次の質問をどうぞ』のタイトルで顛末を記しているので、以下に引用しておく。

『次の質問をどうぞ』

私の一二月一一日の記者会見での質問への答え方について、様々なお叱りをいただきました。

お詫びして、しっかりと反省すべきところと、若干の説明をさせていただきたいところがあります。

ご批判は二つあります。

ひとつは質問への答え方が悪い、あるいは質問を無視しているというご批判、もうひとつは説明責任を果たしていないというご批判です。

まず最初のご批判については、お詫びして、しっかりと改めます。

日露の条約交渉に関しては、国会でも一貫して答えを差し控えさせていただいています。

また、記者会見でもそれまで累次にわたり、日露交渉に関する質問をされてもなにもお答えできませんということを申し上げて来ました。

たとえば一一月二〇日の記者会見では冒頭に「国会答弁、聞いていただいていたかと思いますが、日露の交渉に関して、政府側の方針あるいは考え方というのは申し上げるわけにはいきませんので、それについては差し控えたいと思います。」と申し上げて記者会見をスタートさせ、日露関係についての質問がいくつかありましたが、「お答えは差し控えます」で通させていただきました。

一二月四日の記者会見では、「これから日露で平和条約の交渉を加速化しようという首脳同士の合意がございましたので、これから交渉が始まるわけでございます。政府としては、政府の考え方は交渉の場できちんと相手に伝える、交渉の場以外で様々なことを申し上げれば、当然、相手側からそれに対する反応を引き出すことにもなり、交渉に資することにならないと考えておりますので、交渉の場以外で政府の考え方を申し上げるのは、差し控えるというのが政府の方針でございます。」と、記者会見の中でこの件で答えを差し控える理由を説明しました。

また、記者との懇談の中でも日露に関する質問にはそのつど答えられないと言ってきました。

それでも記者には質問する権利がありますから会見で質問が出るのは構わないのですが、一一日の記者会見では、その質問には答えられませんという意味で「次の質問をどうぞ」と答えたのです。せめていつものように「お答えは差し控えます」と答えるべきでした。

また一一日の会見では、外交史料館の外交資料がデジタル化され、どこからでもアクセスできるようになったことや、カンボジアの与野党の政治家を日本に招待し、複数政党制について有識者やメディアの話を聞いてもらったり、実際に茨城県の県議選挙を見に行ってもらったりしたことなど、外務省が力を入れていたトピックがあったので、答えられない日露交渉に関する質問で限られた会見の時間がつぶれてしまうよりも、そうした質問にしっかり時間をかけて答えたいと思ったこともあります。

このことについては反省しています。

もうひとつの説明責任については、ご理解いただきたいことがあります。

まず、交渉を前にして、政府の方針やゴールを公に説明していないというご批判がありましたが、これはできません。こちらの手をさらしてポーカーをやれというのと同じで、日本の国益を最大化する交渉ができなくなります。

また、なぜ日本政府の立場をきちんと言わないのかというご批判もありました。

日本とロシアは、両国の立場、主張が違い、それを埋められずに七〇年にわたり平和条約をまとめることができませんでした。しかし、今回、両首脳が交渉を加速化することで合意しました。

平和条約を締結するためには領土問題を解決しなければなりません。どんな国でも領土問題に関する交渉では様々な世論が湧き起こります。

政府の立場に変わりはないということまでは、これまでも申し上げてきていますが、もし、交渉の責任者である私がそれ以上何か言えば、必ず、ロシア側でメディアがその発言を取り上げ、それについてのコメントをロシアの政治家に求めるでしょう。それがロシアの世論に影響を与えれば、交渉にも影響が及びます。だから、日本側の主張は交渉の場で申し上げ、それ以外の場では発言を差し控えようというのが、現在の政府の方針です。

ロシア側からはいろいろな発言が出ているではないかとおっしゃる方もいますが、先方が言ってるから言い返すというものではなく、むしろだからこそこちらはより慎重であるべきだと思います。

もちろん、時機がきたらしっかりと丁寧にご説明することは言うまでもありません。

説明責任を果たしていない、ダンマリを決めこんでけしからんというご批判があることは承知していますが、現時点で日露の交渉に影響が出かねないことについて発言は差し控えているということをご理解いただきたいと思います。

お叱りをいただいたことについて、反省すべきところはしっかりと反省し、ご理解をいただかなければならないところはご理解をいただけるよう努力してまいります。

二〇一八年九月、ロシアのウラジオストクで開催された東方経済フォーラムの全体会合において、プーチン大統領は北方領土問題を棚上げした上で年内に平和条約を締結することを安倍晋三首相に提案した。

プーチン大統領はこの発言を「今思いついた」としたが、これこそ外交でありプーチン流の揺さぶりだ。外交では様々な場でヒントを示唆したり露骨に揺さぶったりする。

この発言は日本の「領土問題を解決してから平和条約を締結する」との立場を否定して、ロシア従来の「領土問題はないからすぐに平和条約を締結する」との立場を繰り返したに過ぎないものである。しかしプーチン大統領はそれを「今思いついた」といかにもマスコミの喜びそうなアピール力抜群の言葉で語ってみせた。それこそがまさに外交なのだ。

この会見の前に行われた日露首脳会談の場では、プーチンは「平和条約はすぐに締結できない」と発言していたにもかかわらず、会見では平気で別の顔をのぞかせる。

じつはこのときプーチンは平和条約締結の提案の前に、条約締結後に歯舞と色丹の二島引き渡しを明記した一九五六年の日ソ共同宣言にも言及している。

ということは、もともとの日本側の言う領土問題が四島一括であり、「四島返還後に平和条約締結」を主張していることを意識した上で、日ソ共同宣言の「平和条約後に二島返還」よりもさらに後退させて「平和条約締結後に領土問題を交渉」というクセ球を投げてきた可能性もある。

いずれにしても東方経済フォーラムにおけるこの一連の進行はロシア政権のシナリオ通りであったものと思われる。

プーチン大統領がこうした手を使ったのは、ロシア側にしても対日交渉において手詰まり感があるためだったのではないか。

安倍―プーチン会談は二〇一九年一月までに二五回を数える。この会談回数は驚異的である。

これだけ回数を重ねても領土問題の成果が出ていないと批判する人もいるが、領土問題は戦争でもない限り解決できないのが相場であり、交渉での解決には時間がかかる。過去には首脳会談さえ開けなかったのだから会談しているだけでもマシだろう。

ただし気がかりなこともある。二〇一八年の東方経済フォーラムで行われたプーチンと習近平中国国家主席との首脳会談で、両国の関係の緊密化が強調された点である。それと連動して、ロシアが極東やシベリア地域で行った軍事演習「ボストーク（東方）二〇一八」に中国軍も初参加している。

この演習の意図するものは中露接近をアピールして日米同盟を牽制することであろう。

ロシア経済は原油価格と連動する面があり、二〇一五、二〇一六年と二年連続で景気後退に陥ったが二〇一七年からはプラス成長になっているため日本経済への期待度が低くなっている。内政では年金改革が国民に不評であり、そこで「強い外交」を示してみせたのかもしれない。

日本にとっては我慢の時期になるが、軍事オプションなしで粘り強く交渉すれば再びチャンスは訪れるので、その日に備えておくべきだろう。

長期スパンで見たときにはソ連崩壊のような歴史的大事件も起こり得る。そのような突然のチャンスを活かせるかどうかはその前段階での仕込み次第であり、だからこそ今やれることを準備しておくという姿勢が大事なのである。

プーチン政権は盤石なのかという点について考えてみよう。

近年のロシア経済は原油価格と連動している。ロシアの輸出総額の約六割が石油・天然ガスなどで、収入でも連邦政府の歳入の約四割を占めている。原油価格は輸出や政府支出に影響を与え、経済成長率を左右している。

原油価格の動向を見ると二〇〇八年のリーマンショック以降は上昇し、二〇一四年あたりには一バレルあたり九〇ドルを超えていたが、二〇一五年には四〇ドル台にまで急落した。二〇一六年も三〇〜四〇ドル台で低迷したが、二〇一七年には五〇ドル台に回復し、二〇一八年には六〇ドル台にまでなった。

こうした原油価格の動向を受けて、ロシア経済は二〇一五、二〇一六年と二年連続で景気後退となったが、二〇一七年には三年ぶりのプラス成長となり、二〇一八年も二年連続のプラス成長が見込まれている。

これにより一息ついた感のあるロシア経済だが、プーチン大統領もロシア経済における原油価格の重要度をあらためて認識したことだろう。今後はロシア経済をうまく運営するためにも

「いかに原油価格を維持するか」に腐心するのではないだろうか。いくら国民的な人気があるといっても経済が悪くなるとどうしても人心掌握は難しくなる。

原油価格の維持という観点から捉えればプーチン大統領の行動原理がかなり分かってくる。ロシアは世界最大の原油輸出国であり、その六％程度は日本向けである。つまりその意味で日本はロシアの「顧客」である。

ロシア側としては触れられたくない北方領土の問題を日本が持ち出してくるのを承知しながら、また安倍晋三首相とプーチン大統領の個人的な関係を背景としつつ、ロシアが日本との関係を維持しているのはこのためだ。

プーチン大統領の中東政策においても、もちろんアメリカへの対抗という側面はあるものの、やはり原油価格の維持という意向が見え隠れする。

中東が平和になるよりも、多少の紛争要素を背景に中東からの原油供給に不安が生じて原油価格が上昇するといった状況を好む傾向がある。

その意味で言うと二〇一七年から米国でトランプ政権が誕生し、イスラエルでの大使館移転など中東政策が大きく変更したことに伴う原油価格の上昇は、プーチン大統領にとって悪い話ではない。そのためにアメリカに対抗し、挑発しているのだともいえる。

一方で北朝鮮については「原油価格の維持」と「米国への対抗」というロシアの二本軸のうち「米国への対抗」しか見えてこない。となるとロシアは北朝鮮問題に積極的に取り組むというよりも「漁夫の利狙い」となるのではないか。

今後、北朝鮮が中国に接近する中で対米国の姿勢を示すようならロシアも北朝鮮を支援する。北朝鮮にとっても、ロシアカードは中国一辺倒にならないというメリットがある。

ロシアは虎視眈々とその機会を狙い続けるであろう。

◆経済オンチの文在寅に未来はない

国際的な会議での見どころのひとつに「集合写真での各国首脳の立ち位置」がある。

二〇一八年十一月三十日からアルゼンチン・ブエノスアイレスで開かれたG20サミットでは、前列中央が主催国であるアルゼンチンのマクリ大統領。向かって左には安倍晋三首相、トランプ米大統領、マクロン仏大統領らが並び、右側には中国の習近平主席、プーチン露大統領らが並んだ。

国際会議の立ち位置についてはシンプルなルールがある。

（一）議長国の首脳が中央

（二）首相よりも大統領が内側

（三）在任期間の長い首脳が内側

順番は議長国がその都度決めても構わないが、だいたいがこの原則に沿うことになる。

G20では次期議長国の首脳が開催国首脳の隣にくるのが慣例だから二〇一九年開催国である日本の安倍首相の立ち位置は当然といえばそうなのだが、それを割り引いても安倍首相は目立っていた。メルケル独首相が専用機のトラブルで開催に間に合わなかったこともあり写真の中で安倍首相は最も在任期間が長い先進国の首脳となった。

集合写真における安倍首相の立ち位置は、今の日本の世界における位置を表したものだともいえる。

安倍首相はこのG20の間、トランプ大統領、習主席、プーチン大統領、メイ首相、マクロン大統領らと会談し、トランプ大統領とモディ印首相による初の日米印三カ国首脳会談も行った。

これに対抗して中露もインドを取り込んだ中露印首脳会談を行った。まさにG20の現場で国際政治が動いていた。

こういう国際舞台では誰と会談できたかが重要なのだが、安倍首相は日中首脳会談を行いながら、中国の「一帯一路」に懸念を表する米印とも首脳会談を同時に行うという、これまでの日本の指導者にみられない世界を股にかけた活躍ぶりで、世界のトップリーダーとしての存在感を見せることとなった。

その一方で、日韓合意に基づいて設立した「和解・癒やし財団」の解散やいわゆる「徴用工」訴訟の韓国最高裁判決などにより最悪の状況にある韓国・文在寅大統領との会談は行われなかった。

また当初韓国との正式な会談を予定していたトランプ大統領も、これを「立ち話」に変更している。立ち話とはあいさつ程度という意味だ。

米韓関係においてトランプ政権は、非核化協議をしないまま北朝鮮の金正恩体制を擁護するかのごとくふるまう文政権を信頼していない。

文大統領はトランプ大統領との本格的な会談を望んでいたようだが、トランプ大統領はこれを受け入れなかった。

二度目となった米朝首脳会談へも招かれることはなく、韓国は日韓関係の悪化のみならず国際的に孤立を深めつつある。


いわゆる徴用工訴訟では、原告による新日鉄住金の韓国内資産の差し押さえ申請が二〇一九年一月三日に韓国の大邱地裁浦項支部に認められた。強制執行に携わる機関は裁判所に属しているため執行へ向けて動くことにはなるだろう。新日鉄住金が韓国国内に有している資産は韓国鉄鋼大手ポスコと設立した合弁会社の株式だけだが、原告団は新日鉄住金が保有する株式を約二三四万株、約一一億円とみており、判決によると原告四人への損害賠償額は約四〇〇〇万円だからこれをまかなうには十分な額となる。

しかし、これに新日鉄住金が抵抗したときには最終的に韓国の警察権力が出ていかないと解決しない。この場合、韓国政府が本件の警察権において司法に協力しないと言えば、新日鉄住金の強制執行は事実上行えないことになる。

一九六五年の日韓請求権協定では、日韓両国がいわゆる外交的保護権（ある国家の国籍を有する私人が他国の国際違法行為によって損害を受けた場合に、国籍国が国際違法行為を行った国に対して国家責任を追及する国際法上の権限）を放棄している。これには韓国の行政府のみならず司法の執行機関も含まれると考えられるので、そもそも強制執行もできないということになる。

もっとも今回のケースでは、韓国最高裁の賠償判決では「反人道的不法行為はそもそも日韓協定の対象外」というロジックなので、最終的にはやはり日韓請求権協定の解釈問題になってくる。

そうなると日本側としては日韓請求権協定第三条に基づいて、協定の解釈及び実施に関する紛争はまずは外交で解決し、解決しない場合は第三国を交えた「仲裁」に委ねるという手段をとることになるのだろう。

しかしこれはむしろ日本として日韓請求権協定を国際的にアピールできるいいチャンスである。この際、請求権協定がこれまで韓国に貢献したことも含めて正々堂々と国際的な場で主張すればいい。国際正論に弱く、対日関係となると甘えが出てくる韓国に国際常識を教え込む絶好の機会と考えればいい。

私ならこの徴用工訴訟判断に対しては、まず日韓請求権協定の契約者である韓国政府に「協定を守るか否か」を問い質す。守らないと言えば協定違反となるため、これまでの韓国政府の見解通りに「守る」と言わざるを得ないはずだ。そうして「守る」と言わせたならば次に『訴訟や請求の対象は韓国政府である』との旨の法律をつくらせて、韓国政府に説明責任を課す。

あくまでも請求権協定の外交処置で韓国政府に責任を押し付ける。「断交せよ」との声も聞かれるがそれでは在韓日本企業がすべて訴訟を受けることになり、今後も同様の賠償請求を受けることになってしまう。

◆韓国レーダー問題

二〇一八年十二月二十日、能登半島沖で海上自衛隊機P-1が韓国海軍駆逐艦から火器管制レーダーを照射されたという一大事件。その後、韓国側は「レーダー照射はしたけど発表しないでほしい」「悪天候、視界不良で、遭難船を捜索していた」「捜索中に日本の哨戒機が威嚇して低空で上空に入ってきた」「やはりレーダー照射していない」と、二転三転するグダグダの反論を繰り返した。

これに対し日本の防衛省が証拠映像を公開し、これに対して韓国から出された反論動画はわずか四分二六秒。ただしその中身のほとんどは日本の防衛省が公開したものだった。おどろおどろしいBGMを付けているが韓国側のオリジナル映像は一一秒だけ。一方、日本の防衛省が公開した動画はすべてオリジナルで一三分七秒。この七〇倍以上の情報差をもってして韓国の反論はむなしいと言わざるを得ない。

日本の哨戒機が「高度一五〇メートル、距離五〇〇メートル」で近づいていたことを指摘しているが、これを「威嚇」と言っており、韓国の艦番号も聞こえているのに応答しなかったことからも韓国側はすでに詰んでいる。

「人道的救助」と韓国側は言うが、それを丸々信じたとしても日本の排他的経済水域（EEZ）で違法操業をする北朝鮮漁船を助けただけのことで、それが恒常的に行われていれば北朝鮮への経済制裁の抜け穴にもなりかねないものだ。

日本はこの問題をうやむやにせず、韓国の謝罪と関係者処分を求めるべきで、韓国に対しては「ウソの代償は高く付く」ということを国際的にも明らかにしたほうがいい。

この件について防衛省は冷静に反論してきたが、韓国側がこれらに真摯に向き合わないため一向に埒があかない。そうした中で日本のマスコミの中でも韓国側の意見をそのまま伝えるような「悪質な印象操作」ともいえるようなものも出てきた。

二〇一八年十二月二八日、昼のＮＨＫニュースがそれだ。岩屋毅防衛大臣がレーダー照射をされた証拠となる映像を「午後にも出す」というニュースの中で、あたかも韓国の発表どおりに「韓国海軍の上空を海上自衛隊機が飛行している」かのような画像を映し出したのだ。

明らかな合成写真であり、そんなものを使用したＮＨＫの放送意図が私にはさっぱり分からない。

防衛省による「証拠動画」をみると、これまでの日本側の説明とはまったく矛盾がないが、韓国の反論・説明がまったくデタラメだったことは明白だ。それでも、韓国は「レーダー照射はなかった」「この映像は客観的な証拠ではない」とシラを切っている。「英語が聞き取れなかった」「電波が微弱」という見苦しい言い訳も続けた。

映像を見れば分かるが、確かに英語は流暢ではないもののコミュニケーションにはまったく支障がないレベルだし、もし聞き取れなかったとしても日本側が三つの周波数を用いているにもかかわらず韓国側が無応答というのはいかにも変な話である。軍事機密秘匿の理由から完全に客観的な証拠が開示されているとはいえないが、それでもこれを見ればよほど韓国びいきの人以外は韓国側が悪いと思うだろう。

それにしても前述のNHKをはじめとする一部マスコミの報道はふがいない。何に気を遣っているのか知らないが、合成写真を使うほどではないにせよ正しいことを伝えているものが極めて少ない。

こういうときに防衛省がマスコミを通さずにYouTubeで直接映像を公開するのはいい方法だ。従来大手マスコミは役所の情報を独占することで報道媒体としての優位性を保っていたが、役所が直接情報を発信するようになればそのようなメディアはまったく用なしになる。

実際問題として首をかしげたくなるような報道が目立った。

その一例がやはり十二月二八日、時事通信「渋る防衛省、安倍首相が押し切る＝日韓対立泥沼化も――映像公開」と題された記事だ。

だが思い返せば菅直人・民主党政権時に起こった尖閣諸島での中国漁船と海上保安庁の船の

衝突事件のとき、菅政権は動画を公開しなかった。その不手際が問題となり、多くの国民から批判を浴びたことはそう簡単に忘れられることではない。これを教訓とするならばレーダー照射の件でも映像を公開するのが当たり前である。それなのにこの記事は、安倍総理がゴリ押しして公開を進めたかのような印象を与える。

この一件に限らず「何が何でも安倍総理が悪い」との結論に持っていこうとする一部マスコミや一部識者の意見は度を超して酷いと言わざるを得ない。

そういえば今回の動画公開を批判する人たちは、その多くが特定秘密保護法や自衛隊の日報問題では「情報公開せよ」と叫んでいた人たちと重なっているようにみえる。そのことは彼らが二枚舌であることを示している。

それにしても、これまでの対応の稚拙さを見ていると韓国の危機管理体制にかなりの不安を抱いてしまう。じつはそのことの方が、レーダー照射という行為そのものよりも心配である。

事件発覚後の二六日朝、私はラジオ番組でこの問題を解説した。そのときには「韓国側の説明が二転三転して一貫性がない」と説明したが、じつは事件直後に防衛省関係者から詳細な情報を得ていた。そのため番組内で「いずれ韓国側に非があることが判明するので、韓国側は現場のミスと謝罪して関係者を処分すべきだ」と話した。私に詳細を教えてくれた防衛関係者も韓国がそうすれば大きな問題には至らないという認識だった。

ところが韓国側は現場のミスを認めるどころか映像が公開されても認めようとしない。

過去には韓国以外にも似たような事件があった。一九八七年の「対ソ連軍領空侵犯機警告射撃事件」だ。日本の領空を侵犯したソビエト軍偵察機に対して自衛隊が実弾警告射撃を行った。日本はソ連に抗議し、ソ連は「計器故障による事故」として関係者を処分することとなった。その後もろもろのやり取りはあったが基本的にはソ連側の処分をもって終わった話だ。

このときのように韓国が「偶発事故」として関係者を処分していれば、おそらくそれで終わった案件だったはずだ。もしも韓国側が「日本が映像記録を残していないだろう」と考えていたなら現状認識不足は致命的である。

あるいは「日本政府はまさか映像を公開しないだろう」というような日本に対する甘えが現場にも政府上層部にもあるのだろう。それはそれで友好国としては決して望ましいものではない。

もしもこのほかの理由で韓国側が「正直に言えない」のだとすれば、それは日韓関係においてかなり重症である。

十二月二八日の読売新聞に興味深い記事があった。「韓国が日本海周辺で密漁していたと思われる北朝鮮の漁船を日常的に救助していた」というのだ。

確定的証拠のない仮説に過ぎないが、確かに防衛省が公表した動画とも整合性がある。

現場の能登半島沖は好漁場である大和堆の周辺で、北朝鮮漁船によるイカの密漁で問題になっているところだ。だがここは日本の許可なしでは漁ができない排他的経済水域内である。この数年、大和堆の海域に中国や北朝鮮の漁船が大量に押し寄せて密漁をしているのは周知の事実で、水産庁の取締船や海上保安庁がそれらの漁船を追い出しているが手が回らない状態だ。

北朝鮮は現在国連の経済制裁を受けているので石油は手に入りにくく、大和堆にやって来る漁船は北朝鮮軍からの石油割当を受けているはずなので軍の指揮下にあるとみていいだろう。その北朝鮮の密漁漁船を韓国軍が（日常的に）救助していたとすれば、国連の制裁決議を北朝鮮に課している国際社会からは「韓国が北朝鮮の制裁破りを手助けしていた」と見るだろう。

韓国がひた隠しにしたいのはこのことなのかもしれない。日本の海上自衛隊に見られたくないものを見られたから、そのシラを切り続けるため日本に強硬な態度をとり続けているのではないかと疑ってしまう。

こうした状況にありながら韓国政府筋からは「日韓通貨スワップ協定再開の協議を」との声が聞こえてくる。

通貨スワップ協定は二国間もしくは多国間で、自国通貨と外貨を交換する契約だ。日韓が通貨スワップ協定を結べば韓国はウォンを日本に渡すことで米ドルと日本円を受け取れる。同様に日本も円を韓国側に渡してウォンを受け取ることができる（国際通貨である円を望んでウォンに替える必要性は薄いが）。なおスワップには財務省と韓国銀行の間で行うものと日銀と韓国銀行の間で行うものがある。

当初のスワップ協定は、一九九七〜一九九八年に起こったアジア通貨危機の後に東アジアにおける金融協力の必要性に基づいて締結されたチェンマイ・イニシアティブというものだった。二〇〇〇年五月の第二回ASEAN＋3財務大臣会議(タイ・チェンマイで開催)において、外貨準備を使って短期的な外貨資金の融通を行う二国間の通貨スワップの合意があり、それに基づいて日本の財務省と韓国銀行の間で二〇〇一年七月に通貨スワップ協定が締結された。その後二〇一五年二月には反日姿勢を強めた朴槿恵政権側から「協定延長は不要」との声が出て、打ち切られている。

なお日銀と韓国銀行との間でも二〇〇五年五月に通貨スワップ協定が締結された。これはリーマンショック以降時限的に拡充されたが、二〇一三年七月には満期終了されていた。

財務省にしても日銀にしても韓国銀行との通貨スワップ協定にはどのような効果があるのか。

為替は平常時であれば、両国間の金融政策の差でだいたい決まるが、通貨危機時にはそうした理論は働かずに一方的に自国通貨が安くなる。その場合、金融引き締めを行っても自国経済を痛めるだけで為替の安定にはあまり効果がない。

その際には直接的な自国通貨買い介入が有効となる。ただし自国通貨買いをするにしても外貨準備が大きくないとそれもできなくなってしまうため、その意味で通貨危機時には外貨準備がものを言う。

通貨スワップ協定があればそうした緊急時において即座に外貨を手に入れることができるため外貨準備の増額と同じ効果がある。日韓のどちらにメリットが大きいかといえば通貨危機に陥る危険性の高い韓国のほうである。

韓国を取り巻く海外環境は厳しい。韓国の貿易相手国としては、中国、アメリカが大きく、それぞれの国への輸出シェアは二五％と一二％。日本への輸出は近年低下傾向でかつては前二国に次ぐ三位だったが、二〇一七年度の輸出シェア四・七％はベトナムや香港に次ぐ五番目である。

最上位の中国向け輸出は中国経済の低調から下落傾向にある。

外需依存の高い韓国経済はかなり苦しい。私がもっとも重視する経済指標が失業率であることはここまで何度も記してきたが韓国の場合を見ると二〇一六年の失業率は三・七％だったが、二〇一八年に韓国統計庁が発表した雇用動向（五月時点）によると、失業率は四・〇％にまで上昇している。

この状況が続けば最悪の場合、一九九七年のアジア通貨危機時に韓国が見舞われたような通貨危機の再来もあり得ると考えている。このときの経済危機は「朝鮮戦争以来、最大の国難」と韓国内で言われたものである。

そこで、今回の日韓通貨スワップ協定である。もし韓国が通貨危機になれば、通貨スワップ協定がないことが大きな痛手になるはずだ。


二〇一五年二月の日韓通貨スワップ協定打ち切りは、表向き経済危機がなくなったということが理由であったが、その後、韓国側から日本に頼む形で協議再開となった。ところが二〇一七年一月、在釜山日本国総領事館前に慰安婦像を設置したことを理由に菅義偉官房長官は「日韓通貨スワップ協議再開の打ち切り」「次官級による日韓ハイレベル経済協議の延期」並びに駐大韓民国日本国特命全権大使・長嶺安政氏と在釜山日本国総領事・森本康敬氏の一時帰国を決定した。スワップ協議中断は今も続いていて、これには韓国側も内心焦っていることだろう。

だが国家間の合意を破ったのだから、相互貸借と事実上同じである通貨スワップなど協議できるはずがない。韓国はそうした国家の信用を問われているのだ。

現在の文在寅大統領は元々活動家の人であり、活動家は自分の主張が先にくるから実社会では使い物にならない人が多い。理想が最優先で論理的思考ができないのだ。

よって活動家の人は経済が分からない。これは日本においても数年前に実証済みの〝事実〟である。

あとがき

米国で財政赤字の拡大を容認する「現代金融理論」（Modern Monetary Theory：ＭＭＴ）の議論が活発になっていると報じられている。この理論は妥当なのか、日本にも当てはまるのか。

ＭＭＴは、自国通貨を無制限に発行できる政府は、政府債務（国の借金）が増えても問題がないとする経済理論だ。現実には、過去にデフォルト（債務不履行）に陥った国は少なくない。二〇〇一年のアルゼンチンや二〇一五年のギリシャなどの例がある。ギリシャは単一通貨ユーロを採用し自国で通貨を発行できなかった。なお、ギリシャは破綻（債務不履行と債務条件変更）の常習国なのである。カーメン・ラインハート、ケネス・ロゴフ著『国家は破綻する』によれば、一八〇〇年以降の二〇〇年余の歴史の中で、ギリシャの債務不履行と債務条件変更の年数は五〇％を超える。いうなれば、二年に一度は破綻している国で、ユーロに入る以前には自国通貨でも破綻している。

これらに対し、米国のＭＭＴ支持者は、世界の基軸通貨ドルで借金ができる米国はドルを刷ればいいので、財政破綻はあり得ないと主張する。アメリカの主流派の経済学者は、こうしたＭＭＴの主張に対してバカげていると感情的に反発している。

筆者にとって、数量的でない政策議論は意味がない。米国の議論は定性的な極論か経済思想優先で、実りのある政策議論に思えない。従来の経済理論では、財政赤字でも中央銀行が国債を買い入れればインフレになる。そのインフレさえ感受できれば政府債務は財政上問題ない。

これを統合政府のバランスシートから見てみよう。政府債務は、中央銀行の国債買入で全部又は一部が銀行券に置き換わる。国債は有利子有償還であるが銀行券は無利子無償還なので財政問題はなくなる。

一方、発行された銀行券は実体経済の生産力との関係で、過大になりすぎるとインフレを招く。これは、実体経済の生産力は潜在ＧＤＰ水準と近似できるが、それが政府の規模と一定関係であれば、統合政府のバランスシートでの債務超過はインフレをどの程度もたらすかとも大いに関係している。また、他国との銀行券の比率において自国通貨が過大になると自国通貨安をもたらす。これらは、ＭＭＴによらずとも従来の経済理論から出てくる。

インフレ率や自国通貨安がどの程度弊害になるかだが、インフレ率は自国通貨安にも関係するので、結果としてインフレ率が許容範囲かどうかに帰着する。先進国で二％程度のインフレ目標は、最小失業率を目指している。それよりインフレ率が高くなると、経済活動の障害など社会コストが高くなる。少なくとも、日本のように、インフレ率がインフレ目標まで達していないならば、財政赤字の心配は不要という主張は多くの人に受け入れられるのではないか。これはＭＭＴからでなくとも導かれる標準的な内容だ。ＭＭＴ主張は極論すぎると思う。

髙橋洋一

ド文系ではわからない日本復活へのシナリオ

二〇一九年六月一五日　第一刷発行

著　者　高橋洋一（たかはし・よういち）

編集協力　株式会社啓文社

発行人　三田浩生

編集所　株式会社メディアソフト
〒一一〇‐〇〇一六
東京都台東区台東　四‐二七‐五
電話　〇三（五六八八）七五五九
FAX　〇三（五六八八）三五一二

発行所　株式会社三交社
〒一一〇‐〇〇一六
東京都台東区台東　四‐二〇‐九　大仙柴田ビル二階
電話　〇三（五八二六）四四二四
FAX　〇三（五八二六）四四二五

装幀・本文組版　ヤマグチデザイン室

校　正　鷗来堂

印刷・製本　中央精版印刷株式会社

ISBN978-4-8155-4014-2